天津市重点出版扶持项目

津沽名家文库（第一辑）

词汇学和词典学问题研究

刘叔新 著

南開大學出版社

天 津

图书在版编目(CIP)数据

词汇学和词典学问题研究 / 刘叔新著. —天津：
南开大学出版社，2019.7
（津沽名家文库. 第一辑）
ISBN 978-7-310-05815-0

Ⅰ.①词… Ⅱ.①刘… Ⅲ.①汉语－词汇学－文集②
汉语－词典学－文集 Ⅳ.①H13－53②H164－53

中国版本图书馆 CIP 数据核字(2019)第 138829 号

南开大学出版社出版发行
出版人：刘运峰
地址：天津市南开区卫津路 94 号　　邮政编码：300071
营销部电话：(022)23508339　23500755
营销部传真：(022)23508542　邮购部电话：(022)23502200

*

天津丰富彩艺印刷有限公司
全国各地新华书店经销

*

2019 年 7 月第 1 版　　2019 年 7 月第 1 次印刷
210×148 毫米　32 开本　8.125 印张　6 插页　194 千字
定价：65.00 元

如遇图书印装质量问题,请与本社营销部联系调换,电话:(022)23507125

刘叔新先生(1934—2016)

进字句，而是仅仅依照已定字句格式照猫画虎。这就更突出了字句写作的束缚性。可是，摆脱这严酷的束缚，由写作者自己安排字句具体格律的要求，是终究压抑不住的。

北宋末期、南宋初期这诗词家兼音乐家的姜夔，常作曲调；每作一首，由洞箫吹奏出来，配以词的字句，让"善歌声"的俞商卿唱和。①这就是他说的"自度曲"，以创作出的曲调，带出字句格律自我安排的新途径。

此后，可惜无词人追随姜夔，也自度曲，自配以字句，自作适当的合律格局。可是自词的写作完全脱离了曲调音乐，变为只据前人词牌已定格局来"填"字句之后，间有个别写作者——虽然十分稀罕——借举"自度曲"为虚设的词牌，写出全依自己安排的合律字句格局。这种阄词合律写作新途径的新声，虽然很微弱，

①据姜夔《白石道人歌曲》五《角招》词《序》："（俞）商卿善歌声，稍以儒雅缘饰，予每自度曲，吟洞箫，商卿辄歌而和之。"

刘叔新先生手迹

出版说明

津沽大地，物华天宝，人才辈出，人文称盛。

津沽有独特之历史，优良之学风。自近代以来，中西交流，古今融合，天津开风气之先，学术亦渐成规模。中华人民共和国成立后，高校院系调整，学科重组，南北学人汇聚天津，成一时之盛。诸多学人以学术为生命，孜孜矻矻，埋首著述，成果丰硕，蔚为大观。

为全面反映中华人民共和国成立以来天津学术发展的面貌及成果，我们决定编辑出版"津沽名家文库"。文库的作者均为某个领域具有代表性的人物，在学术界具有广泛的影响，所收录的著作或集大成，或开先河，或启新篇，至今仍葆有强大的生命力。尤其是随着时间的推移，这些论著的价值已经从单纯的学术层面生发出新的内涵，其中蕴含的创新思想、治学精神，比学术本身意义更为丰富，也更具普遍性，因而更值得研究与纪念。就学术本身而论，这些人文社科领域常研常新的题目，这些可以回答当今社会大众所关注话题的观点，又何尝不具有永恒的价值，为人类认识世界的道路点亮了一盏盏明灯。

这些著作首版主要集中在 20 世纪 50 年代至 90 年代，出版后在学界引起了强烈反响，然而由于多种原因，近几十年来多未曾再版，既为学林憾事，亦有薪火难传之虞。在当前坚定文化自信、倡导学术创新、建设学习强国的背景下，对经典学术著作的回顾与整理就显得尤为迫切。

本次出版的"津沽名家文库（第一辑）"包含哲学、语言学、文学、历史学、经济学五个学科的名家著作，既有鲜明的学科特征，又体现出学科之间的交叉互通，同时具有向社会大众传播的可读性。具体书目包括温公颐《中国古代逻辑史》、马汉麟《古代汉语读本》、刘叔新《词汇学和词典学问题研究》、顾随《顾随文集》、朱维之《中国文艺思潮史稿》、雷石榆《日本文学简史》、朱一玄《红楼梦人物谱》、王达津《唐诗丛考》、刘叶秋《古典小说笔记论丛》、雷海宗《西洋文化史纲要》、王玉哲《中国上古史纲》、杨志玖《马可·波罗在中国》、杨翼骧《秦汉史纲要》、漆侠《宋代经济史》、来新夏《古籍整理讲义》、刘泽华《先秦政治思想史》、季陶达《英国古典政治经济学》、石毓符《中国货币金融史略》、杨敬年《西方发展经济学概论》、王亘坚《经济杠杆论》等共二十种。

需要说明的是，随着时代的发展、知识的更新和学科的进步，某些领域已经有了新的发现和认识，对于著作中的部分观点还需在阅读中辩证看待。同时，由于出版年代的局限，原书在用词用语、标点使用、行文体例等方面有不符合当前规范要求的地方。本次影印出版本着尊重原著原貌、保存原版本完整性的原则，除对个别问题做了技术性处理外，一律遵从原文，未予更动；为优化版本价值，订正和弥补了原书中因排版印刷问题造成的错漏。

本次出版，我们特别约请了各相关领域的知名学者为每部著作撰写导读文章，介绍作者的生平、学术建树及著作的内容、特点和价值，以使读者了解背景、源流、思路、结构，从而更好地理解原作、获得启发。在此，我们对拨冗惠赐导读文章的各位学者致以最诚挚的感谢。

同时，我们铭感于作者家属对本丛书的大力支持，他们积极创造条件，帮助我们搜集资料、推荐导读作者，使本丛书得以顺利问世。

最后，感谢天津市重点出版扶持项目领导小组的关心支持。希望本丛书能不负所望，为彰显天津的学术文化地位、推动天津学术研究的深入发展做出贡献，为繁荣中国特色哲学社会科学做出贡献。

南开大学出版社
2019 年 4 月

《词汇学和词典学问题研究》导读

周　荐

刘叔新(1934—2016)，著名语言学家，一生在南开大学从事语言学的教学和研究工作，涉猎广泛，著述丰硕，在现代汉语词汇学研究领域尤多创获，自成体系。

一、刘叔新先生生平

刘叔新先生，祖籍广东惠州，1934 年 3 月 23 日生于广州。先生出身于当地望族，父亲毕业于北京大学法科，抗战军兴，投笔从戎，在张发奎将军麾下任少将参议；母亲系大家闺秀，不仅课子读书，她自己亦常有小说类文学作品刊布于坊间报端。先生家庭中的各成员，有诗情，也有激情，兄弟姊妹七人（先生有两兄、一姊、三弟）多具较高艺术造诣，或曾任广州乐团指挥、第一小提琴手，为著名的岭南画家。先生自己也对艺术情有独钟，1952 年辞亲北上，目的就是投考时在天津的中央音乐学院；失利后，由表兄介绍曾短期执教于天津某小学，教授音乐课程。1952 年或是先生投身教育事业之肇端。翌年，先生改考南开大学中文系并被录取，经四年学习，以优异成绩毕业并留校任教，开始了在大学任教的生涯。1959 年 2 月至 1961 年 1 月，先生赴北京大学进修，受业于著名语言学家高名凯先生和岑麒祥先生，结业后重返南开大学中文系工作，直至2000年正式办理退休手续。先生1986年晋升教授，1996年被评为侗傣语专业（现改为中国少数民族语言文学专业）博士生导师，后转任汉语言文字学专业博士生导师。先生曾受聘为日本爱知大学客座教授、中国香港大学访问教授等，也曾远赴韩国、日本、德国、芬兰等国的多所大学做学术讲演，足迹遍布欧亚。

叔新先生的一生是献身教育的一生。先生一直脚踏实地地工作在教学第一线，从本科、硕士到博士教学，共讲授过20余门专业课程，培养了众多硕士、博士研究生。先生热心社会工作，曾身兼南开大学现代汉语教研室主任、中文系学术委员会委员、汉语言文化学院顾问、《南开语言学刊》顾问、校高级职称学科评议组成员、天津市社会科学规划语言学学科组长、天津市语言学会会长、中国语言学会理事、国家语言文字工作委员会全国语言文字标准化技术委员会汉语语汇分会顾问等职。

先生的一生是痴情钻研科学的一生。他梅妻鹤子，一生潜心于专业研究，视学问为生命，把研究看作是崇高的名山事业。先生的研究涉猎甚广，语言理论、词汇学、语法学、语义学、词典学、方言和少数民族语言研究等领域均纳入他的视野。在诸多领域中，先生独树一帜，成果丰硕，著述等身，为语言学研究做出了重要贡献。据不完全统计，先生有专著三十余种出版（其中语言学著作有十余种），发表学术论文八十余篇，另有序跋类语文札记、译文等多篇。先生还主编有多种语言学丛刊和译文集，如《语言研究论丛》（第4至第8辑）、《语言学论辑》、《语言学译丛》。1993年出版的"著名中年语言学家自选集"之一的《刘叔新自选集》，裒辑了先生语言学论文的大部分精华，1990年出版的《汉语描写词汇学》，更成为汉语词汇学研究的经典之作。晚年的叔新先生，依然不辍耕耘，勤于著述。如由商务印书馆出版的《粤语壮傣语问题——附语法语义词汇问题研讨》，由南开大学出版社出版的《汉语语法范畴论纲》等著作都是在退休后完成的。

先生的一生也是艺术的一生。他是一位语言学者，却始终不曾忘情于他所钟爱的音乐、书法、绘画艺术。先生在南开大学毕业留校后，系里安排他给著名的侗台语研究专家邢公畹教授做助教，得师真传；他与西南联大校歌的曲作者、南开中文系教授张清常先生交情匪浅，时相问学，获益良多。他钟情于音乐艺术，有音乐著作《民族乐队编配简说》（合著）、《诗词歌曲五十首》出版；他也热爱音乐演奏，小提琴独奏曾在天津市的文艺汇演中获奖，音乐作品演唱会曾在南开大学东方艺术系演播厅公开举行。先生是一位多才多艺的艺术家：他创作有多部诗集和散文集，诗文语言大有古风，富诗意有真情；他痴迷于书法，风格秀丽，笔力遒劲；他也偶遣丹青，留下列宁、郭沫若头像素描多幅，不仅成为亲朋好友珍贵的收藏，也被收录到一些出版物中。

叔新先生于 2016 年 8 月 1 日 6 时在天津寓所去世，享年八十二岁。

二、刘叔新先生的治学特点和语言学学术观点

刘叔新先生的治学很有特点，其中有几点值得总结、介绍：

第一，执着。先生认准了的理，会一直照着做下去，走下去，百折不挠，九死不悔。曾有他的同辈学者私下里评价他是"认死理"，是"一根筋"。这似乎并非褒赞的评价，在我看来，却是对叔新先生极高的评价。试想，一位科学家，若没有这样一份执着的精神，而是随波逐流，人云亦云，那还怎么可能取得非凡的成就？事实上，叔新先生每一项研究都是如此：在对问题产生疑问

后，即千方百计组织材料，想方设法予以攻克，不达目的决不罢休。听叔新先生授课，也是一种享受。他善辩，常常激情澎湃地对某些学者平庸的见解提出异议。跟从刘先生做研究，于细微处见精神，常能从一个貌似没有问题的问题中发现问题。

第二，韧性。先生做学问是很苦的，有着一般人难以承受之重。他敢啃硬骨头的精神在学术圈也是出了名的。他1957年毕业留校工作，很快就到北京大学进修学习两年，回来后即投入到教学和研究之中。从1953年入学南开到1966年，他一直都在潜心研究，不暇私务。终于，他的处女作写就，寄出，发表，那就是两万六千余字，发表在《中国语文》上的那篇著名的论文《论词汇体系问题》。真可谓十年一剑！花多年时间做一项工作，还可举叔新先生主编《现代汉语同义词词典》的例子。《现代汉语同义词词典》的编写，是20世纪70年代南开大学承担的一个国家级科研项目。虽然南开大学研究同义词有传统，也有学术积淀，60年代上半叶已有集体成果由河北人民出版社出版，但是承担一部中型的同义词词典，却是从未接受过的艰巨任务，也无同类词典可供参考，学术补课的任务异常繁重。编写中，一些人产生了畏难情绪，初稿编写者交来的稿子水平也参差不齐，无人统稿，也无人敢于或乐于揽这个活儿。叔新先生见状，把自己手边的研究几乎全部抛在一边，全力投入到审稿、改稿、统稿、定稿的工作中。这一干就是十年有余，直到这部词典1987年正式出版，他才长舒了一口气。

刘先生个人做学问很苦，也肯为事业无偿付出。改革开放之初，学术著作出版，尤其是集体论文集的出版，可不是一件简单的事，因为谁都知道学术论著印数低，成本高，出版就意味着赔钱。但是先生为了事业，主动承担起联系出版的任务。20世纪80年代初，他在单位无一分钱投入的情况下，联系天津人民出版社出版了南开大学编辑的连续性的语言学论文集《语言研究论丛》。这虽不是正式的期刊，而是以书代刊的形式，但它在语言学刊物稀少、学术春潮刚刚开始涌动的时代，就以高起点（仿照北京大学"文革"前就已开始出版的《语言学论丛》）、大腕云集（王力先生、吕叔湘先生等都有论文在上面发表）等特点异军突起，成为一时之佳话。嗣后，刘先生作为主编，又联系出版《语言学论辑》《语言研究译丛》等，并坚持出版多辑；刘先生还作为顾问，鼎力支持文学院、汉语言文化学院、外国语学院联袂出版《南开语言学刊》。

词汇是语言的三大要素之一，但汉语词汇学却是备受冷落的一个研究领域。有感于此，先生仿照语法讨论会，发起并组织"现代汉语词汇学术讨论会"（后更名为"汉语词汇学学术研讨会"），首届研讨会于 1994 年春夏之交在南开大学召开，并出版了会议论文集《词汇学新研究》。如今这个系列性的学术研讨会已召开了十二届，研讨会的论文集也已出版了十余部，培养了一代又一代学术新人，结出了丰硕的学术果实。

第三，全面。先生语言学的学术爆发点是词汇学，著有《汉语描写词汇学》（商务印书馆，1990 年）、《现代汉语同义词词典》（主编，天津人民出版社，1987 年）、《词汇学和词典学问题研究》（天津人民出版社，1984 年）、《同义词语和反义词语》（与周荐合著，商务印书馆，1992 年）、《词语的知识和运用》（与李行健合著，天津人民出版社，1975 年）、《刘叔新自选集》（河南教育出版社，1993 年）、《语义学和词汇学问题新探》（天津人民出版社，1993 年）等，他在词汇学研究领域成就辉煌，是公认的领军人物。但先生的学术兴趣不止于此，他也积极参加由中国社会科学院语言研究所发起的"现代汉语语法学术讨论会"，是多届讨论会的积极参加者，发表了一系列语法论文，并结成《语法学探微》

（南开大学出版社，1996 年）的集子出版。他接替邢公畹先生担任中国少数民族语言文学专业的博士生导师，论学术水平和学术资历，他都完全有资格担任这一领域的导师。但是叔新先生不这样看，他在退休前后一头钻进他原本并不熟悉的领域研究起侗台语来，终于，他的《连山壮语述要》（高等教育出版社，1998 年）、《粤语壮傣语问题——附语法语义词汇问题研讨》（商务印书馆，2006 年）、《东江中上游土语群研究——粤语惠河系探考》（中国社会出版社，2007 年）相继出版。叔新先生那一代人做学问，多是上承前代的传统。叔新先生做学问不单一，他的上一代学者，多数也都不是做单一的研究，而是复合型的，非常全面。例如邢公畹先生，既是著名的侗台语专家，也是汉语研究专家，是语言风格学的专家，还是小说家；张清常先生，既是语言学家，又是作曲家——西南联大的校歌就是由他谱曲。再上一代，复合型的学者就更为常见。复合型的研究，需要的知识结构繁杂，考虑问题要触类旁通。叔新先生跟他的前辈著名学者一样，视野开阔，成就广泛。他是著名的语言学家，有著作十余部出版；他是诗人，有诗集《南北咏痕——诗词稿选抄》（天津人民出版社，1993 年）、《韵缕——亚欧吟草》（天津古籍出版社，1999 年）出版，还有《古典诗词的体式韵律及其运用》（商务印书馆国际有限公司，2017 年）这样的诗歌理论著作出版；他是音乐爱好者，与人合著的《民族乐队编配简说》（天津人民出版社，1993 年）；他是书法爱好者，也长于绘画。有人私下里很为年轻时丰神俊朗，年老时仍儒雅潇洒、才情双绝的刘叔新先生终生不娶一事表示遗憾。其实叔新先生的一生不惟不乏味，反而是多姿多彩的。他用自己学术、艺术多方面的成就，将生活诠释得异常完美。他比我们这些俗人活得精彩！

先生著作等身，研究的领域广泛，提出不少重要的学术观点和论断。其中最重要的研究领域是现代汉语词汇学，最重要的著作是 1990 年出版的《汉语描写词汇学》，所提出的最重要的、最为学术界称道的学术观点是词汇结构组织。

三、《词汇学和词典学问题研究》的价值和意义

这部论文集收入了叔新先生词汇学、词典学两部分论文。在西方语言学的术语体系中，"词汇学"是 lexicology，"词典学"是 lexicography，两者有共同的词根 lexico，说明两者具有天然的联系。叔新先生将他发表的分属词汇学、词典学两个学科的十二篇论文收入本书，并命名为《词汇学和词典学问题研究》，是饶有深意的。其中《同义词和近义词的划分》《词语的形象色彩及其功能》《词目的确定和词汇的范围》《论词汇体系问题》《固定语及其类别》《论词的单位的确定——兼谈以词为词目的问题》《词语的阶级色彩问题》等七篇论文属词汇学，《词典字头的性质及其释注》《词语的意义和释义》《词性和词的释义》《论同义词词典的编纂原则》《词的同义关系和词性——兼谈汉语同义词词典处理词性的问题》等五篇论文属词典学。

本论文集所收的论文，不仅精要，而且多是学科的发轫之作，奠定了叔新先生本人的学术根基，也多是该领域的开山之作。例如《论词汇体系问题》，反映的是叔新先生关于词汇结构组织最早的认识。之后，先生又陆续发掘了十一种结构组织，悉数写在他的名著《汉语描写词汇学》中。

《论词汇体系问题》是叔新先生在"文革"期间发表的唯一的学术论文，也是他一生的代表作之一。他这篇论文是对黄景欣先生的观点提出商榷的，发表于《中国语文》1964 年第 3 期。黄景欣先生在《试论词汇学中的几个问题》（《中国语文》1961 年第

3 期）一文中提出词汇是成体系的，认为这个体系的最上一层是名词、动词、形容词、副词、代词等"几个最大的词类"，这些词类根据一定的词汇—语法意义标准，又可分成几个更小的对立单位，"这样逐层地分析下去，直到不能再分析为几个对立单位的那些词，就是词汇体系最下的一个词汇层"。而叔新先生抓住了一个关键问题：词汇体系的划分，究竟是应该从词汇的功能、特点出发，还是应该以"词汇—语法意义"为准绳？叔新先生认为，按照黄景欣先生的标准，所得出的不是词汇的体系，而是语法的体系。叔新先生悉心研究能够成为词汇体系要素的组织成分，最后得出结论说：截至目前的研究，词汇还不可以称已是一个体系。1964 年的叔新先生，根据当时所发掘出来的"同义组""反义组""分割对象组""固定搭配组"等有限的几种结构组织，认定词汇还不能成为一个体系；1990 年的叔新先生，又发掘出一些结构组织，据此而称词汇已是一个体系。叔新先生 1964 年根据少量词汇组织关系断言词汇不成一个体系，1990 根据新加上的几种词汇组织关系便断言词汇已是系统，这样做是否合理，姑不置论，单就他对黄景欣先生根据语法标准而认为词汇成体系的批判，就足显其睿智和勇气，他的观点也足具方法论意义。

词汇范围和系统问题是叔新先生一生关注的问题。《论词汇体系问题》一文关注的是词汇系统问题；《论词的单位的确定——兼谈以词为词目的问题》一文分析的是词汇的范围，从另一角度关注词汇系统问题；《词目的确定和词汇的范围》一文将词典学和词汇学结合起来，关注的仍是词汇系统问题；《固定语及其类别》一文将词和语这两类词汇单位置于同等地位来研究，关注的还是词汇系统问题。叔新先生关于词汇系统问题的论述，是他花费数十年心血研究的一个重大问题。当下，有人肆意阉割词汇学，将成语、惯用语、歇后语等叔新先生所说的固定语从词汇学中割裂出去，认为词汇学不能研究它们，要标新立异地另搞一个"语汇学"，由"语汇学"去研究，重读叔新先生有关词汇系统的论述，尤有意义，倍受启发。

再如同义词问题，也是叔新先生倾心研究的一个重要课题。"现代汉语同义词辨析"是南开大学中文系长期以来关注的一个科研项目，从"文革"前就开始研究，并出版了多本《同义词辨析》小册子，"文革"后期还承担了《现代汉语同义词词典》的研究项目，叔新先生对现代汉语同义词的研究可谓不遗余力，他每日伏案分析语料，进行词典编辑，还站在更高处进行词汇、词典理论探索，收入本论文集的《同义词和近义词的划分》《论同义词词典的编纂原则》《词的同义关系和词性——兼谈汉语同义词词典处理词性的问题》就是其中的几篇力作。叔新先生那一代学者似乎对同义词等词汇的语义问题都非常关注，刘叔新先生如此，张志毅先生、符淮青先生如此，孙良明先生等亦复如此。上面的几位先生都不仅从理论上探讨词义问题，也从词典编纂上进行实践。叔新先生主编的《现代汉语同义词词典》1987 年由天津人民出版社首次出版，他关于同义词的学术思想也作为"导论"附在词典的前面，后经改写，收入《同义词语和反义词语》（商务印书馆，1992 年）等书中。

明眼人一望便知，收入本论文集中的七篇词汇学论文，除 1964 年发表的那篇《论词汇体系问题》外，多与词典有关，是词典编纂衍生的作品；而五篇词典学论文，更是他主编《现代汉语同义词词典》的直接成果。其中关于词性和词义的关系，亦即词的语法意义和词的词汇意义关系的论述，尤其值得关注。《词性和词的释义》一文，论述了"词性"这个词的语法属性与"词的释义"这个词汇属性的关系，讲清两者的非同一性；《词的同义关系和词性——兼谈汉语同义词词典处理词性的问题》，更直接论述同义词必须建立在词性一致的基础上，词性不同，词汇意义也不会完全一致。叔新先生关于语法意义与词汇意义异同的研究，价值当不止于语法和词汇的意义方面，对两者的形式方面的研究也饶有启发性。长期以来，不少学者将词汇形式混同于语法形式，将两种不同类型的研究混而为一，抹杀了两者的本质区别。这固然与中国古代一些学人的学术研究欠缺科学性有极大的关系，更与现代一些学人及其研究尚不精深、陈陈相因不无关系。因此，叔新先生三四十年前关于分清语法意义和词汇意义的论述，如今仍有重要的学术价值和方法论意义。

《词汇学和词典学问题研究》1984 年由天津人民出版社出版，第一次印刷即近万册，产生了广泛的学术影响。但该书毕竟是三十五年前的著作，已远离我们今天的时代，与当下新一代学者的新著放在一起，存在一些瑕疵，也完全在情理之中。它的局限性主要有两方面，一是引用的语言学理论著作多是马克思主义经典著作，二是例句多来自《毛泽东选集》或《鲁迅全集》。这不能怪作者，而是时代使然，因为那个时代的任何一部著作，大概无一不存在同样的问题。但值得喝彩的是，叔新先生此一时期著作中形成的学术理念和思想在他日后的著作中进一步发扬光大，并助他迅速攀上汉语词汇学学术的巅峰。

四、学术无涯，思念无尽

2019 年 3 月初，南开大学出版社的编辑打来电话，说出版社拟为一批著名学者出版一套"津沽名家文库"丛书，本师刘叔新先生名列其中。每部书的书首要附上一篇由该学者的门人等撰写的"导读"，刘先生这部书的"导读"的撰写任务就交给我了，要求我 3 月底交稿。接到电话，我的心情久久不能平静，当年追随先生时，先生的谆谆教诲，先生慈祥的微笑，如今回响在耳畔，闪现在眼前。

先生可称得上是兴趣广博、卓有妙趣的人，语言学是他的正业，但他琴棋书画无不兼擅，多才多艺。先生祖籍广东惠州，十九岁就辞亲远游，客居津门，大半生在北国度过。他虽对家乡的亲人，对故乡的一草一木，都充满了深情，但很少回乡省亲，因为舍不得时间。他无论是住在南开大学第十一教工宿舍（原址如今已建起二主楼），还是搬到西南村、龙兴里小区，每日晚餐时都准时打开电视，看新闻联播，尤其关注广东的新闻。每到春节，别人都打点行囊回家过年，先生独自在宿舍做两样粤菜（如白切鸡之类），听一曲广东音乐，聊寄思乡之情，之后即重新投入工作，开始新的一年。

先生终身未娶，却情满天下。先生不光拥有众多的桃李，更有无数的学术粉丝；先生潇洒一世，儒雅终生。2014 年 3 月 23 日是先生八十寿辰，我返回天津，到先生的南开寓所为他祝寿，献上《恭贺叔新师八十寿》一律，诗曰："粤东名郡西湖雨，北润南洼洗浊尘。鹿友鸥盟缘挚爱，梅妻鹤子远孤贫。三千学众临书画，八十诗翁步柳辛。不染淤泥今茂叔，蹄湖莲绿水长新。"多么希望风度翩翩、儒雅潇洒的老师能够健康长久地生活在我们中间啊！然而，叔新师在他八十二岁时就弃侪辈而去了……学术界没有忘记叔新先生，他为之服务一生的南开大学又将他的著作重新出版，他的著作还将惠及一代又一代学术新人。

本文写写停停，似总找不到感觉，我于是致电出版社编辑，请求宽限数日交稿。己亥清明我飞回天津，在先生的螟蛉之子星宇君和我的学生杨娟同学、兰英同学陪同下走进先生长眠的墓园祭拜。作为弟子，我深知先生是很在意身后事的。先生若知悉他三十五年前的那部论文集又为南开重新出版，他的旧作仍拥有众多的读者，一定会含笑九泉，会重坐书桌边开始新的研究，会泼墨疾书，会弹奏起钢琴、拉起小提琴；当然，我们这些弟子们又会重聚先生身畔，聆听他用略带粤地口音的普通话发表高论，会继续追随老师发掘词汇结构组织，研究他的描写词汇学……

2019 年 4 月

词汇学和词典学问题研究

（论文集）

刘叔新　著

天津人民出版社

词汇学和词典学问题研究

刘叔新 著

·

天津人民出版社出版

（天津市赤峰道124号）

天津新华印刷三厂印刷 新华书店天津发行所发行

·

850×1168毫米 32开本 7.625印张 168千字

1984年6月第1版 1984年6月第1次印刷

印数：1—9,650

统一书号：9072·36

定价：0.26 元

目　录

序

近来国内语言学研究中关于词汇学和词典学的专著还不多见，叔新同志把他近几年所写的这方面的论文编成集子，出版问世，这是很有意义的。

正如叔新所说："词汇学问题的研究是比较薄弱的，甚至关于词汇的范围也还没有引起学者们的注意"（《词目的确定和词汇的范围》）。他给词汇范围定了几条原则：

1）语言系统是个有一定组织形式的整体，那么，作为语言的组成部分之一的词汇（包括固定语）当然也有确定的范围，其单位也是可以统计的，虽然词汇的单位要比语音的和语法的多得多；

2）自由词组不能算词汇单位；

3）不能把某一语言的词汇跟使用这一语言的一个作家或者一部作品所用的词语总和等同起来，前者属于"语言"，后者属于"言语"。"言语"的"语汇"里可以带上个人成分和狭窄集团的惯用语；

4）应当分清民族共同语和方言在词汇上的界限。

这些原则在理论上和实用上都是有参考价值的，因为划定词汇单位的问题在词典编纂上就是确定词目的问题。叔新根据这些原则指出了一些已经出版的词典在词目方面的凌乱现象。

关于"词汇体系"，我同意叔新的意见："不可以认为词

1

汇是一个体系"（《论词汇体系问题》）。平常我们说"词汇体系"仅仅是指这个语言的词汇自成一套，有别于其他语言而已。但是语言本身却是一种不断趋向更完善、更丰富的"有序结构"，语言的语法就是这一"有序结构"的模式。大家知道，自然界宁一切"活"的有序结构如果不能从环境中吸收物质和能量并且把它加以消散，那么，这一有序结构就会破坏、消失。语言的语法结构如果不能在言语中不断地把具体的语词供给它，并且不断地表达出各种各样的"意思"来，那么，这一语言也就立刻结束它的"生命"。如果说，凡是在物质与能量的消散中才能维持的有序结构都叫做"耗散结构"，那么语言恐怕也是一种耗散结构，"词汇"不过是把"物质"和"能量"供给语言这一有序结构的东西而已，**本身说不上"体系"**。

关于"词"的定义，叔新认为："词"是语言建筑材料的完整单位，其完整性表现在：语音上开头和结尾都有可能用停顿来划界，但中间不容许有停顿；意义上总是单纯的，即本身不含明晰的意义联结，比如作为药材的"红花"，在意义上是单纯的，不同于"红的花"（《论词的单位的确定》）。从声音形式和意义两方面来给词汇单位划界，我觉得也是有实用价值的。

关于"词义"，叔新主张有虚实之分，虚词的意义能反映词性，实词不能；实词的意义只是一定对象的抽象反映，因而在一定程度上体现着概念（《词性和词的释义》），但在绝大多数的情况下，只反映事物对象的区别性特点（《词语的意义和释义》）。我认为把词义分成虚实两类，至少对汉语、侗台语…等语言来说，是合乎实际的。我们知道，词汇属于语言，其中每一个词汇单位都有互相依存的"能指"（Signifier）和

2

"所指（Signified），而每一个实词的"所指"都有能从"一般"转化为"个别"的"专化作用"（Specialization）。每当一个词汇单位进入言语范畴时，人们总是可以利用上下文表达出专化性最强的"所指"来，而这一"所指"并不一定是这一语境之外的所有的人都能深知的。其所以不能深知，往往因为他们不是说者的交际对象。举个例子：词汇里作为人姓的"张"，指的是全汉族从古到今的姓张的，可是当有个人告诉我：

"刚才有一位你认识的姓张的来找你。"

这时候的"张"已经有很高程度的专化了，因为我认识、有可能来找我的姓张的只有那几个。如果说话的人又接着说：

"是个戴眼镜儿的。"

要是戴眼镜儿的熟人中只有一位姓张，那么这个"张"就达到与客观实际相符合的专化程度。而虚词就没有这种专化作用。

论文集在词语的形象色彩，阶级色彩，同义词等方面也做了很好的分析。

邢 公 畹

前　言

　　这本集子收进来的论文，绝大多数是近两三年间发表的。一部分篇章探讨词汇学和语义学的问题，一部分只讨论词典学的问题，其余较多篇章同时涉及这两个相关联的领域。

　　由于论及的语义学问题都是词汇语义方面的，因而它们也可以归入广义理解的词汇学里来。广义理解的词汇学，同词典学的关系异常密切。这个学科的一个重要的应用方面，就是给解决词典编纂上的方法、原则、体例等问题提供理论依据。反过来，词典学的研究又能以词目的确定和释注等语文工作实践，验证和丰富词汇学的某些理论，推动词汇学的发展。因此，本书在书名上把词汇学和词典学联结起来，在内容上把涉及这两个学科的论文收录在一起，都并非出于凑合。事实上，这些论文的写作，是从一组研究课题的整体来考虑的。

　　集子中有些篇章，发表前曾蒙公晼师指正多处，现又承他惠赠书序，谨在此表示深切的谢意。

　　作者还要借此机会，衷心向帮助本书出版的同志们致谢！

刘叔新

一九八二年七月于南开大学

4

同义词和近义词的划分*

什么是同义词，长期以来一直未有一致的理解。这个老问题不仅影响着语文教育，而且也影响着词典的编纂。中小型词典有时对于一个词可以只用另外一个词来解释，这两个词自然应是同义的。如果不明确同义词的确定依据、同义词的特征及其可能有的各种类型，分别不清同义词与近义词，那么以词释词就缺乏科学的根据，容易产生毛病。而更重要的是，确定同义词的问题不能很好解决，同义词词典即难以编纂。在我国，这样的词典至今未尝编出过一部①，世界上的同义词词典也为数甚少，都决不是偶然的。

同义词确定上的分歧，概念原则上的不明确和不统一，实际上集中在是否划分及如何划分同义词与近义词上。本文打算着眼于这一实际的划分问题。只在同义词定义上打转，是没有多大好处的。

（一）

不论同义还是近义，所说的"义"是什么，有什么样的内

---

* 本文原发表于南开大学语言学教研室编的《语言研究论丛》（1980，天津人民出版社），这次收入集子中时，内容上略有增补和修改。

① 两千年前的《尔雅》，严格来说，还不能算同义词词典，因为它往往把意义相同和相近的词编在一组里。在那个时代，还没有关于词义、同义词甚至词的科学概念。据悉，现在山东省有学者在编纂一部同义词词典，我们期待它的问世。

1

涵和外延，首先要十分明确。对这一点理解得不一致，关于同义词、近义词的讨论就没有共同的出发点，不可能获致统一的认识。

同义词或近义词，无疑都只就词的一个意义而言。一个多义词可以就其各个意义，分别与不同的词构成同义或近义的关系，这分别形成的同义词或近义词可以互不相干。例如"空气"一词，就其本义看，与"大气"有同义关系；就其转义看，又与"气氛"、"氛围"构成同义词。而"大气"和"气氛"、"氛围"，却是彼此不相干的。因此，在谈及同义词、近义词时所提的"义"或"词义"，不是指一个词在多义情况下的全部含义，而是指词的一个意义。下文提到的"词义"或词的意义，都是用的这个意思。

词是由于公认能代表或表示某种东西而有其意义的。因此，词的意义是约定俗成地同一定语音形式相结合的关于某种东西的反映内容。就所有的实词和虚词来说，它们的这种内容，总是包含着人们对于某种东西的抽象反映，也就是理性的认识。比如，"桌子"的意义，反映着各种桌子的共同特点；"祖国"的意义，反映自己祖祖辈辈生活于其中的一个国度；"但是"的意义，反映任何叙述内容的转折关联。语言中只有数量极少的感叹词和情态词欠缺抽象反映的意义内容，其词义表示的是某种感觉、感情或态度，都属于感性意识的范围。相当一部分实词和虚词，其词义除具有抽象反映的内容外，还含有感性意识的成分，就是所谓表达色彩，它依附于理性的抽象反映而存在。例如，"祖国"一词具有热爱、亲切的感情色彩，它明显地依存于该词所含的抽象反映某个国度的内容。

平常提到某个词的意义时，习惯于偏指词的抽象反映内

2

容，这并无不可；但是不能由此误解，词可能具有的感性反映内容不属于词义。

同义词和近义词的问题，要从词义的这种理解出发来看待。所谓同义词，若从字面逻辑来说①，指的是两个词在某一个意义上相同，这个意义包括可能有的表达色彩在内。但是仅仅这样看是片面的，会把同义词的范围弄得很窄。同义词的"同"，可放宽来指大体相同，不一定是完全一样。这似乎已成为定论，未必有谁会持异议。过去有的专门词典和普通词典对于"同义词"的解释，只简单地从意义相同来说明②，当然已完全过时。人们对同义词的认识是发展的，开始时只看到意义相同之处，后来逐渐认清在许多情况下，意义大同之中还存在小异。现在"同义词"所应该理解的含义，不能不与其字面意义存在一点点矛盾。不过，有的同志似乎过于强调这种名实不够吻合的方面，认为同义词只是意义上同中有异，把两个词意义完全一样的情形排除在同义词之外。这未必恰当。意义完全一样的所谓等义词，其实具有最充分的同义词资格，应该看作同义词的一部分。当然，等义词在语言中数量很少，比同中有异的同义词少得多。另外，等义词彼此作用完全相同，最终有可能随着语言规范化，其一被择取，而其余则被淘汰。因此，等义词并没有同中有异的同义词那样重要。意义上存有差异的同义词，无疑是同义词的主体。但是等义的同义词往往会

---

① "同义词"译自英语 synonym，此国际术语词的前级 syn—，也是"同、合"的意思。

②如 Mario A.Pei 与 Frank Gaynor 合编的 A DICTIONARY OF LINGUISTICS（1954，纽约版），是这类说明的代表。该《语言学词典》对于同义词的解释是："同一语言的两个或两个以上具有同样意义的词。"

3

并存一个长的时期，在此期间，有的可能逐渐产生分化。如"演说"和"演讲"是等义的，但是二三十年来，彼此的搭配环境已不完全相同：

演说：发表～　每次～　　／　　～者

演讲：　／　　每次～　～比赛　～者

又如"教室"和"课堂"是等义词，并存了一个长时期之后，现在搭配上可以说"课堂上"，却不能说"教室上"；"课堂"用在"上"之前还有了"上课时的场合"的意义（如说："问题在课堂上解决"）。这说明，对于等义词，不能不屑顾理，它们也是应该加以注意和分析的一部分同义词。

　　作为主体部分的同义词，既然意义不完全相同，它们和近义词的区分就成了一个大问题。另外，从"近义"的一般含义来看，这些同义词也似乎没有理由说不是近义的。国内有的教材，可能就是有虑于此而干脆取消"同义词"的提法，只区分等义词和近义词两个范畴。换言之，不仅不承认等义词是一种同义词，而且完全取消同义词和近义词的区别界线。这样处理，既不符合语言实际，也不符合人们语感上和用词上的实际。无论如何，"同义词"这一术语和概念，是没有理由要取消的。

　　绝大部分同义词，意义上不是一般地互相接近，而是基本相同。即在基本的、主要的方面上一致，只存在细微的差别。这细微差别能有多大的差别程度，是有界限的，超出了界限就不可能有意义的基本相同。规定着意义的细微差别不超出限度，控制着意义基本相同的东西客观地存在着，就是相应的词同指一种事物对象。换言之，所指事物对象的同一，是词与词能成为同义词的决定因素。

　　不过，这样说，是以处于同一个语言系统范围内为条件

4

的。属于不同语言系统的两个词，尽管指的对象一样，并不成其为同义词。另外，语言中临时同指一种事物的两个词也不能算。词与词的同义是语言事实，是语言系统中的稳定现象；两个同义词无论处于哪一语言片段，也无论是否从言语上下文中独立出来，总是指同一种对象。凡只是在个别言语中，特别是在个别文艺作品中，用所谓代替或换称的修辞方式，使一个词替换另一个意义本来差别较大的词，这样造成的两个词临时指同一对象的情形，是言语的现象，不应算作同义词。如：

大家都愕然看时，是一个工人似的粗人，正在低声下气地请教那秃头老头子。

秃头不作声，单是睁起了眼睛看定他。

（鲁迅《示众》）

第二次出现的"秃头"就等于"老头子"，指同一个人，但是两个词的词义本身显然相去千里。

两个意义相近的词如果指的不是同一对象，如"读物"与"刊物"，"演说"与"谈话"，都不成其为同义词，只能是近义词。"同义"既然有了在意义内容上（反映事物对象上）不同于"近义"的特点，就可与"近义"区别开来。在词汇学中，使"近义"只指"同义"之外的意义相近，把同义现象只称为"同义"而不同时称作"近义"，使"近义词"和"同义词"两个术语不相交混而互相对立，是合理的，也完全能够这样做。

具体来看，同义词指同一事物现象而在意义上同中有异的情形，以现代汉语为例，包括有如下几类：

一、抽象的反映内容完全一致，只是在表达色彩上存在差

5

异。分以下几种情形：

a，感情色彩上不同。例如：

热心：好感　　　　宏大：好感

热中：反感　　　　庞大：反感

　　　　　　　　　巨大：中性

斗胆：反感　　　　妈妈：亲爱、亲切的感情

大胆：中性　　　　母亲：无特定感情

b，态度色彩上不同。例如：

谈：严肃　　　　老师：尊敬

聊：随便　　　　教师：普通

交谈：普通

来宾：郑重　　　东西：普通

客人：普通　　　玩艺儿：鄙薄

c，形象色彩（某些词使人产生的一定形象感）上不同。如：

荧光灯　　　　赘瘤　　　　烽火

日光灯　　　　赘疣　　　　烽烟

掂量　　　　　抽泣　　　　焦灼

斟酌　　　　　哽噎　　　　焦炙

d，风格色彩上不同。如：

氯化钠：科学的　　喧豗：诗歌的

盐：通用　　　　　喧闹：一般文艺的

　　　　　　　　　闹：会话的

6

人寰：诗歌的　　　　霎时：一般文艺的

人世：一般文艺的　　刹那：会话的

人间：通用

e，语体①色彩上不同。如：

熟：口语　　　　　　脑袋：口语

熟稔：书面语　　　　头颅：书面语

熟悉：中性　　　　　头：中性

心绪：书面语　　　　装蒜：口语

心情：中性　　　　　装假：中性

二、抽象的反映内容不完全一样，反映同一事物对象的性质特点互相有些差异，如反映的侧重方面不一，或所反映的一般特点不尽相同。这就是对事物的反映在外延一致的前提下，有大同小异的内涵。如"犹豫"和"迟疑"都指拿不定主意，"犹豫"侧重于反映内心打主意的反复难定，而"迟疑"突出反映主意不定在时间上延缓的特点。又如"英勇"、"神勇"和"勇敢"，都指正当地行动或正当行事不怕危险、困难；但是"英勇"强调了奋不顾身的品质特点，"神勇"还反映战胜艰难险阻的精神力量的奇伟性质，"勇敢"并没有这些特别的反映和强调。象这样在抽象的反映内容上大同小异的同义词，数量最多。可再举些例子：

「模范　　　　「过程　　　　「稀疏　　　　「浑厚

---

① "语体"在此指语言因交际条件不同而形成的交际形式，即口语、书面语，不是指言语体裁。

7

┌典范	┌进程	┌疏落	┌淳厚
└	└历程	└	└憨厚
┌牢固	┌领会	┌揭穿	┌目击
└坚固	└领悟	└揭破	└目睹
┌推延	┌沮丧	┌推重	┌眺望
└推迟	└懊丧	└推崇	└了望

三、抽象的反映内容不完全一样，同时也存在表达色彩上的差异。例如：

┌深邃	┌楷模	┌悭客	┌浪迹	┌诱惑
└深奥	└表率	└吝啬	漂泊	└引诱
			└流浪	

具有所谓褒贬色彩的词，往往抽象反映的内容也有 很 大 的 不同，如"节约"与"吝啬"，"鼓励"与"煽动"，"赞美"与"阿谀"，"坚强"与"顽固"，等等。有的人把它们归入同义的范围，不能认为正确，因为这样的"同义"是很难理解的。有的褒义词和贬义词可以有同义关系；只要指同样的事物对象，抽象反映的内容一致（如"热心"与"热中"）或只有细微差异（如"宏大"与"庞大"），都没有理由不认为形成同义词。

所有各类同义词，显然不能抹杀其同义的特点，把它们混作近义的。反过来也一样。近义词另有特点，不能硬把它们看作同义词。

词与词之间的"近义"，按照与"同义"有别的词汇学意义来说，指的是反映的内容有一部分相同，但是反映不一样的事物对象，即意义在外延和内涵上都不同，只是内涵中局部地有某些成分一致。词义上一般的互相接近，是两个词义内涵中

8

局部成分一致的结果。

作义素（ceme）的分析，在一定程度上可以表示出近义词的上述特点，说明它不会具有同义词之间外延一致、内涵一致或只存在细微差异的情况。例如：

表1

义素 \ 词	行为	行径	行动
A.			
1.人所发生的	+	+	+
2.有动作性	±	±	+
3.做出某种事情	+	+	−
4.已表现出来而为人所知	+	+	±
5.在进行中	−	−	±
B.			
1.贬的感情色彩	−	+	−
2.感情色彩上中性	+	−	+

表2

义素 \ 词	犹豫	迟疑	疑虑
A.			
1.内心活动	+	+	+
2.要打主意	+	+	−
3.有疑问	+	+	+
4.反复难定	+ +	+	−
5.用一段时间考虑	+	+ +	±
6.有顾虑	−	−	+

9

表3

义素 \ 词	英勇	神勇	大胆
A.			
a.			
1.精神状态的表现	+	+	+
2.不怕困难险阻	+	+	±
3.不怕行动的坏影响或恶果	−	−	+
4.奋不顾身	+ +	+	−
5.表现在战斗或斗争当中	+	+	±
b.			
6.精神力量的奇伟	−	+	−

从理性的义素（A类义素）看，表1的"行动"和"行为""行径"大有差异，而"行为"和"行径"之间却无不同。由于只是理性的义素而非感性义素（B类义素）同所在意义的内涵和外延有关，因而"行动"同"行为""行径"没有一致的内涵和外延，只能构成近义词（有部分理性义素相同），而"行为"和"行径"在对事物的抽象反映上却是内涵和外延都一致，构成一对同义词。表2的"犹豫"和"迟疑"，具有同样多的理性义素，只是在个别义素的突出（由重复的＋＋表示）上互有区别，表明对事物的反映在内涵方面有细微差异而外延方面仍是相同，即两个词指同样的事物对象，是同义词。"疑虑"在理性义素上和它们有重大差别，虽然局部一致，也只能说明外延既不一样，内涵也迥异，即不指同一事物，相互间只有近义关系。表3的"大胆"同"英勇""神勇"之间，情况也是如此。"英勇"和"神勇"在内涵上也微有差别：除个别主要的理性义素（a小类）突出与否不同之外，在次要的理性义素（b小类）上有出入。次要的理性义素是词义中不很明显的

10

所谓"意味"的成分，只反映着事物不重要的一般特点。因而这方面的不同，并不造成外延的差异；象"英勇"和"神勇"，就仍然外延一致，指同一种对象，有资格成为同义词。

无疑，"近义"区别于"同义"，是有着对事物如何反映的客观基础的。两个词，如果对事物的反映有不同的外延，而内涵有局部成分的一致，那么它们相互间就必然构成近义关系。词与词的这种关系极易形成，比同义关系普遍得多。

任何两个不指同样对象的词，只要词义有相近之处，或者能从不同的抽象反映内容概括出某个共通点来的，无论有无表达色彩的差异，都会是近义词。如所谓集合体名词和个体名词（纸张——纸，树木——树），上位概念的词和下位概念的词（衣服——裙子，阅读——精读），同位概念的词（大学生——中学生——小学生，朗读——默读），表示事物整体和表示其局部的词（桃核——桃仁，手表——表壳），所有其他不指同样对象而意义可概括为某一概念或观念的词（留声机——电唱机，鼓励——煽动，繁华——繁荣），都是近义的。这样的词会极其之多；因为一个词在意义上不同任何其他的词相近，是很少可能的。如此宽泛无际，多少有些相近便可包括进去的范畴，显然与同义词有别，不能把它们与同义词混为一体。

划分同义词和近义词的必要性，可由下面几个实际情况充分表明：

第一，同义现象不可能包括仅仅相近的现象。如果宽泛的、数量极多的近义词都是同义词，所谓"同义"就不能成立，实际上等于取消同义词。

第二，同义词是词汇组织性的一种表现。语言中两个或两个以上的词彼此若有同义关系，就构成同义词组。同义词组有确定的数量，通过分析，可以一个一个定下来。每个同义词组包括多少个成员也有一定，而且每个成员与组内其他各个成员之间都存在同义关系。同义关系是同中有异，互相对照，互相制约。因此，同义词组是词汇中的结构组织。它还可扩大为包括有同义固定语在内的同义组（如"顺利——顺遂——顺当——顺手——一帆风顺"），又可与反义词组结联为同义—反义组，成为描写词汇的组织结构时一种必须描写的对象。近义词却难以看作词汇组织性的表现。一来词义的相近十分宽泛而驳杂，怎么算相近，难以有个客观标准；二来在绝大多数的情况下，词义的相近实质上只是两个概念的相近或部分重合，互相之间并不存在词义本身的彼此对照、制约等必然的关联，因而近义词并非词汇的一种组织结构。语言中有多少近义词，难以确定，也难以理出个条理来。词义相近的词能有多少个可联成为一组，是难以确定的，而且组内每个成员不可能都与其他各个成员意义相近。例如"阅读"与"泛读"相近，"泛读"与"浏览"相近，"浏览"与"观看"相近，"观看"与"查看"相近，"查看"又与"探究"相近，如此下去，可能至于无穷；而"阅读"与"探究"，"泛读"与"查看"，在意义上都已相差很远。另外，这其中每个成员还可以同另外一系列的词相近，如"泛读"与"粗读""默读""研读"等接近，"观看"与"察看""观望""凝望"等接近，"查看"与"检查""查探""检阅"等接近。可见，词与词的近义关联，只是人们认识上对词所指的对象相互接近的一种反映，并非词汇成员本身彼此之间意义上的因应关系，不可能不缠绵不绝、错叠繁杂，是不能由之形成确定的语言组织结构的。由此也决定了，近义词及词与词的近义关联，不是词汇学的描写对象。

12

第三，在词的使用上，同义词的选用主要是为了恰切而细致地表现感情、意味、色彩，而近义词的选择是要准确指明所要说的事物对象。两者的要求并不一样。相应地，在辨析上也就各有不同的方法、特点。如辨析同义词，主要着眼于表达色彩上的差异或意味的区别和轻重；而辨别近义词，主要看各适用于什么事物或能有什么性质特点的修饰说明。

当然，划分开同义词与近义词，不等于说只需重视前者，不必顾理后者。近义词虽然不是词汇的组织结构现象，但是往往需要分辨其异，才能用得准确。因此，在一般的词义分析当中，中小学生常用错的一些近义词应是一种主要的分析对象。

美国的《韦伯斯特同义词新词典》（Webster's New Dictionary of Synonyms，1942年初版，1973年第4版）以辨析同义词为主，另外在同义词组之后，也收了可能有的相近的词以及反义词、相反的词。例如在一组名词同义词abandon（狂放）、unconstraint（无拘）、spontaneity（自发）之后，列出另一组词，标明为"意义相近的词"：license（放纵），freedom（自由），liberty（随意）；relaxation（松弛），laxity或laxness（懒散），looseness（散漫）。这个体例说明，同义词与近义词划分开来是行得通的。一部以辨析同义词为主的词典，大可仿此体例，以附志的方式收录有关的近义词。

（二）

划分同义词和近义词的依据，无疑只能是两者在词和词的意义关联上的不同特点。这不同特点的根本表现，就是前者指同一种事物对象，而后者各指不同而接近的事物对象。同义词由于指同一对象，因而是意义完全相同或基本相同而存在细微

13

差别的词，① 互相在义同形异上因应（等义词之间）或在意义的细微差别上互相对照、制约；近义词由于各指不同而相近的对象，只能是意义基本上不同而有些接近的词，彼此间无必然的因应、制约。因此，是否指同一的事物对象，成为同义词和近义词的区别标志和划分的准绳。

分辨两种表面上容易混淆的事物，根本的着眼处应是内容性质的差异。区别同义词和近义词也应是这样，不能不着重看内容方面的不同特点，也就是落脚在是否指同一种事物对象上，因为内容上的不同正是由它所决定。

有的研究者正确地从意义内容本身的特点出发来确定同义词（即如何有别于近义词），但是落脚点有些问题，主张"同义词……应该是概念相同但词义有所不同的词"②。就是说，只有概念相同才能算同义词，意义差不多而概念不同的是近义词。这个概念的划分标准，已引起过批评。批评的意见集中在两点上：概念相同与否，难以确定和检验；可以从两个词的意义概括出多个"相同的"概念，依概括的角度或程度不一而异，因而对概念相同与否的确定，有很大的主观性，没有固定的标准。这意见是提得中肯的。但是批评者忽略了两个对于概念标准来说更带根本性的弊病：第一，可以从任何意义相近的实词概括出一个共同表现的概念。譬如，"中山服"和"西服"都表现服装的概念，"冷静"和"镇静"都表现内心平静而不

---

① 这里略去形式方面的条件。一般而论，同义词在语音形式上是不同的。但是也有相同的情形，如"界线"与"界限"，"震动"与"振动"。它们在语音形式相同的情形下，仍可不失为同义词，因为词的构造材料（语素）有所不同，是不同的词（同音词）。因此，同义词形式上必要的条件，严格来说，是构词材料不同；要说成语音形式不同，是不完全符合实际的。近义同的形式条件也与此一致。

② 石安石《关于词义和概念》，见《中国语文》，1961年3月号，38页。

14

激动的概念，等等。如此一来，任何类似这样相近的词，即所有的近义词，都可以是同义的，实际上取消了同义词和近义词的区别。第二，虚词是不体现概念的，因为它直接表示词语组合的语法关系，这一语法意义的抽象内容并不充当判断的概念项，而是构成判断的诸概念组合关系的体现者。因此概念的标准势必把虚词排除出同义词的范围，而这是不合理的，因为虚词也可以有同义词（如"和"——"同"——"与"——"跟"，"但是"——"可是"——"不过"，"为了"——"为"）。

可见，依概念是否相同来确定同义词的提法，实践上、理论上都不适当。

有的研究者从别的方面来寻找同义词的确定依据。王理嘉、侯学超同志在《怎样确定同义词》一文中，认为"应该在同意义的标准之外，再寻找一个形式上的标志"，它是词与词相互间"一定的可替换性"①。文中还有个具体一些的说明："两个词如果在同一个上下文中可以互相替换而不改变句子的基本意义，那么它们就有意义上的共同性，就是同义词"②。既然可以相互替换是同义词的形式标志，而且只有它才可证实意义上的共同性，这就等于说，除"同意义"之外，它也是确定同义词的标准。两个标准并不是完全统一的。有着意义上的共同性，并不必然同时可以相互替换（如"改良"和"改善"）；反之，可以相互替换并不必然也有意义上的共同性（如"打电话"——"打电报"）。于是只有在同时都符合两个标准的情形下才能确定为同义词。王、侯两同志也不得不承认这一点，

---

① 见北京大学中文系汉语教研室、语言学教研室编《语言学论丛》第五辑，239页，1963年，商务印书馆。

② 同上。

他们肯定："词之间含义上的共同性和使用上的可替换性是确定同义词的两个共同的必要条件"①。无疑，这意味着，可替换性不是同含义上的共同性必然因应或结合的，不见得必然是意义共同性的形式表现。但是《怎样确定同义词》一文并没有明确地说出这一合乎逻辑的结论，它足以否定可替换性是同义词形式标志的观点。

该文虽然指出，单凭意义共同性或可替换性都不能解决问题，却又一再强调，要"使用'替换'来控制、检验意义上的共同性"，认为这"确实是一种比较有效的办法"②，还举出两个分析的实例："改良"和"改善"在词义上很相近，但是从来不能互相替换，因而"在意义上的共同性还没有达到同义词所要求的程度（即可以在言语中互换）"，不是同义词；"伟大"和"巨大"意义上尽管差别显著，但是有互换通用的情形（如都可修饰"成就"），证明是一对同义词③。这明显地把同义词"两个共同的必要条件"的说法抛置一边，而要说明可互相替换是决定性的、最终的确定标准。当然，这里是自相矛盾的。如果"两个共同的必要条件"说能够成立，"替换"可检验意义共同性而成为决定性标准的论点就站不住。试问，既然只凭可替换性还不能说明同义，即可替换性不是同义的必然标志，那么，它如何能够检验这种同义？"伟大"和"巨大"明明意义上差别较大，即意义的共同性条件是成问题的，但是由于有时可互相替换，竟可据此说明意义相同的程度达至同义的要求；"改良"和"改善"分明意义基本一致，意义共同性

---

① 北京大学中文系汉语教研室、语言学教研室编《语言学论丛》第五辑，244页。
② 同上。
③ 同上。

16

24

的条件应该不成问题，却由于不能互相替换而否定其为同义。这岂不是根本上有违于逻辑？当然，也决不会符合于语言实际和人们的语感。这样来分析和确定，恰恰从反面说明了，互相替换性并不必然带来真正的意义共同性，不能互相替换并不就没有意义的相同性。也就是说，用"替换"来检验同义或作同义的决定性标准，完全不符合实际，绝对行不通。

从根本上来看，把可替换性看作同义词的形式标志，不管这是决定性的确定标准，还是非决定性标准，都大有问题。对于同中有异的同义词来说，大多数的情形下是不能互相替换的，因为它们的功能正在于表现意味色彩的细微差别，每一者都有一种表现的个性。比如下面两段文字中加着重号的词（着重号为引者所加）：

> 暗红色的光发亮了，它向天穹上展开，把夜空愈指愈远，而且把它们映红了。

（刘白羽《日出》）

> 这种"大地茫茫"的心境，是和对于自然之谜的探索和对人间疾苦的愤慨联结在一起的。

（秦牧《社稷坛抒情》）

这里，"天穹"不能换为"天空"、"苍空"或"苍穹"。因为"天空"太一般、平淡，描写不出作者所要表现的象个"穹庐"般的天空的具体形状；"苍空""苍穹"也不成，它们都有天空苍蓝色彩的意味，而作者所描写的是夜空，不可能有白天的晴苍色彩。同样，"心境"不能换为"心情"或"心绪"，"探索"不能换为"探求"，"愤慨"不能换为"愤怒"。三个词都不可用别的什么词来替换；若加替换，作者要表现的意思就

17

会走样。"心境"指的是心情，但有内心境界的意味，同"大地茫茫"的说明正相适应，换了"心情""心绪"就不合适；"探索"强调了对事物的索知，用于要解"自然之谜"，非常适切，换了强调"求得什么"的"探求"，是不妥贴的；"愤慨"虽然在表示"怒"上同于"愤怒"，但是它有"褒"的色彩，着重于表示胸臆的气愤，意思不象"愤怒"那样着重于怒的外在表现、那样具体而强烈，因此"对于人间疾苦"只能说"愤慨"，换了"愤怒"就显得怪诞。可是无论"心境"同"心情""心绪"，"探索"同"探求"，"愤慨"同"愤怒"，还是"天穹"同"天空""苍空""苍穹"，恐怕未必有谁能怀疑是意义上非常相似或基本相同（指同样对象）的词——同义词。可见，认为同义词必须具有可替换性标志，那是不符合语言事实的。表达某种意思，往往只能用上某个词；若采用其他同义的词，就不贴切妥当。这是人们在写作、发言等讲究用词的场合都有的体验。如该用褒义词（如"热心"），就不能用贬义的（如"热中"），有时甚至褒的或贬的也不能随意换用中性的（如"宏大"——"巨大"，"行径"——"行为"）。该用带严肃、尊敬色彩的词（如"谈""老师"）时，不可用随便色彩的、一般无尊敬色彩的词（如"聊""教师"）。在口语当中，必须用口语色彩的词（如"脑袋"）时，改用书面的（如"头颅"）会闹笑话；反之，书面语中，必须采用的书面语词不能改为相应的口语词，否则也同样贻笑大方（如把"仰视云峰"写为"仰瞧云峰"，把"略憩片刻"写为"略歇一会儿"之类）。具有某种风格色彩的词，是同一定的言语风格或语体相适应的，换以相应的其他风格色彩的词（如在科学论文中不用"卵"，却用"子儿"；公文中不用

18

26

"时"，而用"当儿"），会产生风格上的错误。此外，许多只在意味上、轻重上或突出的方面上有所不同的词，在言语中也往往是不能够互相替换的（如上面分析的"天穹"和"天空""苍空"，"愤慨"和"愤怒"之类）。按照凡不能在一定上下文中互相替换便不是同义词的原则，所有上述这些意义基本相同而不可替换的词，都不能获得同义词的资格。这显然有悖于理。另外，此类词极多，占了同义词的绝大部分，把它们排斥出去，同义词势必所剩无几。如此一来，等于取消现代语言同义词的丰富性，抹杀了经常需要在言语中、在不同语体和不同交际方式的条件下，从一组同义词里选择一个适用者的事实。通常，一组同义词，只有其中的一个是适用于某一特定的言语片段的，它不能够也不应该以其他同义的词来替换。同义词的辨析正是立足于此，务求能指导人们在用词上能从同义词组中选用最合适的单位。这种选用，一般在作家的创作中最为讲究，也最高明。上面举出的刘白羽、秦牧的散文片段，就充分表明了同义词的选用是作家的匠心所在，达到了一字不可更易的准确境界。如果承认这些都是客观事实，那么把可替换性视作同义词形式标志的提法，当然就不能成立。反过来，如果可替换性标准的提法能够成立，那么必然导致否认同义词辨析的存在和必要，抹杀对同义词的选用，而那是十分错误的。

　　基本意义相同的词，不是全部不可互相替换，不过可替换的只占少数。这大都是一些意味色彩的差异不很重要的同义词。如许多情形下，形象色彩的区别是无关紧要的，某些侧重方面的不同也无关大局，可不计较。例如，"日光灯"和"荧光灯"，"小卧车"和"小轿车"，"山里红"和"红果"，

19

"锋利"和"锐利"等，彼此的词义只在形象色彩上有别，可以互相替换。"品行"和"操行"，"惦念"和"挂念"，"惊奇"和"惊异"，"憎厌"和"厌恶"，在反映的着重点上微有差别，互相替换也无问题。有时在同一言语片段中，两个意义基本相同的词相继出现，是它们可以替换的一种证明。如：

> ……只有当他看见自己人是怎样地糊涂不中用，例如前天莫干丞报告厂里情形不稳的时候，他这才会真正发怒——很有害于他健康的忿怒。
>
> （茅盾《子夜》。着重号为引者所加）

不过，这时若要替换，须同时甲换乙，乙换甲；只作一个词的变换则仍然不行，因为那样会造成同一个词的重复使用，作者正是有意不如此，而要使两个指同一对象并相继出现的词互相有别，以避免呆板。

等义词，当然一般可以互相替换。可替换性大体上是这一小部分同义词的客观标志。但是，也只能说"大体上"如此，因为有的在使用时出现了词语环境的差异，彼此不能互换位置。例如上面举出过的"演讲比赛"不好换作"演说比赛"，"发表演说"不可说成"发表演讲"。又如"东北盛产大豆高粱"，换作"东北盛产黄豆高粱"是很别扭的；"中医大夫""西医大夫"中的"大夫"不好换为"医生"，那样的说法，北方人会觉得绕口。这种言语习惯所形成的使用形式上的差异，在意义基本相同的同义词及近义词的使用当中也是往往存在的。有一种意见认为，等义词完全可以互相替换，而一

20

般的同义词都不能互相替换①，这种观点显然绝对化、简单化，具有片面性。诚然，它与"同义词都有替换性"说相反，但是同样不符合实际，同样不正确地以是否有替换性来作同义词的确定依据。

无论把可替换性还是不可替换性视为一般同义词的标志，都不可能凭此划分开同义词和近义词。症结不仅在于同义词多数情况下不可替换，小部分情况下可以替换，而且还在于近义词也有可替换和不可替换的两种情形。例如：

　　拿件褂子来→拿件衣服来
　　这些中学生确实守纪律→这些学生确实守纪律
　　到处有树木→到处有树
　　纸不缺→纸张不缺
　　这方面他是个能手→这方面他是个人才
　　那条街晚上仍然喧闹→那条街晚上仍然热闹

这里可以互换的一对对词，明显地都只是意义相近，互相之间并无同义关系。近义词互相替换之后，若不能保持原来语句的意思，那就说明它们不可替换，这种情形也很常见。如要说某条马路繁华，不能说成繁荣；说市场繁荣，不能换作繁华。又如下面的语句：

　　曹操尚俭约，不喜奢华，具有平民风度。多才多艺，喜谐谑，潇洒，不拘形迹。

　　　　　　　　　　　（郭沫若《蔡文姬》，第四幕，第一场）

---

① 北京大学中文系汉语教研室的《现代汉语》（中册）（高等教育出版社，1959年）认为，"狭义的同义词"（即等义词）"在任何上下文里都可以互相替代而效果完全一样"，"广义的同义词"（即意义基本相同的同义词）则"不能任意替代"。见该书308页。

21

若"俭约"换为近义的"勤俭","奢华"换为近义的"奢侈","风度"换为"风格","谐谑"换为"滑稽","潇洒"换为"飘逸","形迹"换为"痕迹",都会大失作者原意,甚至造成语意不通。

可见,能互相替换和不能互相替换,都出现于同义词和近义词之中,能否替换根本上不取决于是同义词还是近义词,而要看是否不走失原意。以替换性来确定同义词,显然不合理,也必然行不通。

（三）

语义学中,要以一定的形式标志来证明一个词语单位只有这样的意义,不是其他的意义,或进一步证明两个词语单位的意义有何种关系,是很难做到的。

语言学一般来说,还不是验证的科学。研究对象若只是词义本身及词义相互间的关系,就更谈不上有具体形式的验证。比如,何以说"空虚"一词具有"空空洞洞、缺乏内容"的意义?为何"大胆"的词义是"敢作为,不怕危险"?这无法找到形式的标志来证明;只是大家从实际的经验中知道,两个词总是分别用来指那样的现象。布龙菲尔德(Leonard Bloomfield)把促使说者说话的刺激和听说者的反应看作词义[①],这样的"词义"固然会十分形式化,但是完全抹杀了词义反映客观事物的性质,是实用主义、行为主义的无稽之谈。从重视形式分析的语法学方面看,也往往不能证明一个语法成分的含义为何就是这一种而不是另一种语法意义;只不过语法形式必然证

---

① 见布龙菲尔德所著的LANGUAGE,139页,1955年,伦敦版。

明了它表现着某种意义罢了。如轻声的"的"出现在句末形容词之后，这形式说明不了它表现的是强调语气还是"属有"的意义或兼有两者。如果说，有的语法意义可通过特定的语法结构和句法功能获得形式区别的标志，那么每个词汇意义的特点是找不到这种语言的形式证明的。每个词汇成员的语音形式，只是说明了它表现着意义，但是说明不了何以是这样的而不是其他的意义。

如果要从词语在言语中的出现环境（即有的同志所说的"功能"）来找形式标志，那也是徒劳的。词语的使用环境是言语的现象，从言语方面来确定语言系统内的语义个性或语义关系的形式表现，是否合理姑且置而不论，但是这种寻求语义形式标志的做法，至少有几个障碍难以逾越。第一，绝大多数词语的言语环境，即同什么词语联结为语句，是非常繁杂、广泛的，而且言辞话语具体组织自什么词语及如何组织，都极其多式多样，实在无可穷尽。因而这绝大多数词语都各有何种言语环境，很难加以统计和描写。即其功能的形式是无从彻底确定的。第二，许多词语在文艺创作的及某些生动的表述里，可以同一些一般不相搭配的词语组合为语句，如"大海沉默着"，"狂风愤怒地扑来"。如果承认这也是功能形式，那么几乎绝少词语可以有确定的言语环境；如果不承认，似乎又没有什么道理。第三，不少词与别的词在言语环境一致的情况下，看不出意义也一致，如"买了一套中山装"和"买了一套制服"，"市场里相当热闹"和"市场里相当拥挤"，说明不了"中山装"与"制服"意义一致、"热闹"与"拥挤"无意义差别。言语环境不一致的两个词，不见得彼此的词义就无相同性。如：

愤怒:	他顿时～	他～起来	／	／
愤慨:	／	／	对此表示～	激起莫大的～

"愤怒"和"愤慨"的意义相同性，并没有因言语环境的不同而不存在。可见，词语环境与词语意义异同关系之间，难以找到必然的因应关联。

以上三个困难无从解决，要以言语功能作为语义异同关系的形式标志就不仅是侈谈，而且这种设想也根本不能成立。为确定同义词而提出的"可替换性"论，正是从言语功能寻找形式依据的一种做法，它之所以不合理和行不通，不是偶然的。还应当顺便指出，"可替换性"论的出发点是力求找到形式的依据，但是实际上达不到目的。这种理论认为，"撇开意义不管而只根据是否可以在言语中互换"，是不行的，因为"词之间含义上的共同性"是确定同义词的必要条件之一①。那么这里就有问题：含义的共同性，根据什么来确定？岂非仍然没有形式依据？另外，这种理论还指出所谓两个词可以互相替换，是有条件的，就是"不改变句子的基本意义"②。试问，句子的基本意义是什么？根据什么来确定句子的基本意义改变了还是没有改变？显然这里也完全欠缺形式的依据。因此，"可替换性"论最终还是退回到意义本身而无据可凭。所确定的形式标志实际上是落空的。

同义词和近义词的区别，归根结蒂，是词义异同的问题。如果这异同情况没有语言的表现形式，那么意义所反映的事物

---

① 北京大学中文系汉语教研室、语言学教研室编，《语言学论丛》，第五辑，244页。

② 同上书，239页。

24

对象以及它们彼此间的异同关系，应该是意义异同情况的形式根据。不同的词，凡词义反映同一种对象的是同义词，各反映不同的对象而有相近处的是近义词，这种划分的原则就是以所反映的事物对象的异同情况作为决定的因素。但是问题在于，对象的异同本身还缺乏形式的具体性和明晰性。要说两个词义同反映一种对象或各反映不同的对象，须得有个依据才妥当，否则会流于主观臆断。这个依据是什么？无疑，它会以客观的形式存在着；但是要把它找出来，势必要看事物对象本身以及人们对这事物对象的认识、体验。如此之复杂，是无法确定和掌握的。

义素分析法似乎能在一定程度上呈现人们对事物对象的认识，让人看到事物对象的抽象轮廓。但是抽象就算不上真实的具体形式。这种方法只能展现意义的构成，可以一般地从意义本身来揭示意义相同或相近的情形，却不能直接地、往往不能确切地表明事物反映在意义中的外延。更为不足的是，义素分析法完全建立在个人对词义的了解和剖析的基础上，有一定的主观性，并不是验证式的，因此它不可能给检验提供客观的、形式的标志。

出路可以指望一种人为的方法，它既有语言的某种形式性，同时又有逻辑性。按照公理，如果 A 和 B 异形而等值，那么它们分别加上 C 之后，也必然等值。即：

$$A = B$$
$$A + C = B + C$$

仿此，语言中两个指同样对象的词，各与同一个指另一种事物对象的词相联结，结成的两个组合体必然也指同一种事物。如"妈妈"和"母亲"指同样的对象，"妈妈高兴"和"母亲高

25

兴"也指相同的事物。要确定两个词指的对象是否一致，可以采取倒转过来的方式。先找到一个实词丙，能够同样支配、修饰或说明甲或乙词，或者能够同被甲词、乙词所支配、修饰或说明。这里的"能够"，是根据逻辑和常识，只须符合于事物相互联系的实际可能。如果甲＋丙和乙＋丙指同样的事物，那么就可断定甲和乙有同样的对象，是同义词；如果甲＋丙和乙＋丙不指同样的事物，而甲和乙在意义上本是相近的，它们就必然是指不同的对象，相互只是近义词。例如：

迎接客人
迎接来宾 ┐指同一事物

　　"客人""来宾"：指同一种对象；同义词

宏大的建筑物
巨大的建筑物 ┐指同一事物

　　"宏大""巨大"：指同一种对象；同义词

繁荣的城市
繁华的城市 ┐各指的事物不同

　　"繁荣""繁华"：各指的对象不同；近义词

效果如何
结果如何 ┐各指的事物不同

　　"效果""结果"：各指的对象不同；近义词

　　有时，甲词和乙词分别加上了丙词，不容易分辨清楚是否指同样的东西，那就要另换以丁词或其他词，至能作出判断为止；或者在加上同一个词的基础上再多加同样的一个词或若干个词。例如：

26

a	b
培养：a_1苦心培养	b_1国家培养
抚养：a_2苦心抚养	b_2国家抚养

c

c_1苦心培养下一代

c_2苦心抚养下一代

a式不易看出a_1和a_2是否指同样的事物；换为b式，就比较清楚，因为谁都知道国家培养的对象是干部、技术人员、大学生等，国家抚养的则只能是孤儿，因此b_1和b_2指的不是一码事。由a式扩大为c式，情形也同样清楚：c_1指的是给下一代以教育，使他们成才；c_2却是指把下一代养育成人。因此，作了b、c二式的检验，就有充分的理由判断，"培养"和"抚养"各指不同的对象，是近义词而非同义词。

这个检验方法姑名为同形结合法。所谓"形"，只是指一定的表示形式而言，不一定是现实中存在的言语形式，比如"抚养孩子的勇敢精神"，说法不通，不是在现实中存在的话语；又如"培养孩子"，在并非答话的情况下，也不是个意思完整的句子，不成其为话语，但是都不妨碍它们作为形式的手段而纯粹用于比较对象的异同。因此，同形结合法只建立在逻辑的和人为形式的基础上，不是以言语环境作为背景或必要条件，本质上与可替换性的方法是大不相同的。任何两个意义上相同或相似的词，都可以采用同形结合法来检验是否指明相同的对象，即使两个词没有同样的言语环境也罢。例如"改良"和"改善"，"参观"和"参看"，都很难有相同的言语环境，可检验如下：

	e		f
改良：	e_1改良些许	f_1品种的改良	
改善：	e_2改善些许	f_2品种的改善	

	g		h
参观：	g_1参观展品	h_1参观某图	
参看：	g_2参看展品	h_2参看某图	

e_1、e_2的组合，单独来看是符合习惯的；但是言语中通常要加上另一个词，它指改良或改善的事，这个词不可能相同。f_2不会出现于言语中，但是从逻辑上看，可以设使"品种"和"改善"这样结合。同样，g_2、h_1都很少可能出现于言语中，作为活动与所及事物的一种逻辑关联，却不妨如此设定。可以看出，e_1和e_2，f_1和f_2，都指同样一回事，因而证明了"改良"和"改善"是同义词。g_1和g_2，h_1和h_2，所指的都不是同一回事，证明了"参观"和"参看"是近义词。

应当承认，同形结合法还不是彻底的形式验证。因为它只能依据经验来断定加词后的结合是否指同一对象。不过，无论如何，它使得判定两个词是否指同样的对象有个依据，有一定的可靠性。这个方法毕竟能提供一定的形式来查验词所指的事物对象同异如何。它不会象"替换"法那样陷入二元论或自相矛盾的泥淖。运用同形结合法，确定的同义词和近义词大体上会同一般人的语感或看法相吻合，既不弄窄同义词的范围，也不会使它宽泛失当。下面举一些运用此法划分出的同义词和近义词，从中可以大体看出所确定的同义词范围如何以及确定尺度的适宜性：

28

同义词 近义词　　　　同义词 近义词

行为	行径	行动	美丽	漂亮	中看
居心	存心	心术	一般	平平	中等
滋味	味道	口味	节俭	节省	勤俭
声望	名望	名声	改善	改良	改进
	情义	情意	推进	促进	推动
申明	申说	声明	梦想	空想	妄想
光辉	辉煌	光亮	热爱	酷爱	喜爱
安静	安宁	平安		警告	正告
胖	肥		讲究	讲求	追求
平常	平凡	平淡	竭力	极力	努力

　　意义相近或有相同性的词，并非所有都需要经过形式的检验才能确定是否指同样的对象。凡分别表示集合体和个别体（如"纸张"和"纸"之类）、整体和其部分（如"桃核"与"桃仁"之类）、上下位概念（如"学生"与"中学生"之类）或同位概念（"朗读"与"默读"之类）的词，指的对象明显地不是同一，无需检验，无可置疑地是近义词。凡意义明显地丝毫无差别的词，即等义词，指的对象当然一样，任何人不会怀疑，也无需检验。此外，某些一望而知指同一种对象，只是意义在色彩上有差别的词，如"父亲"和"爸爸"、"祖

29

母"和"奶奶","老师"和"师","早晨"和"早上"、"迎接"和"接迓"等等，无疑是同义词，要作检验也是多此一举。因此，需用同形结合法来检验的，只是那些本身不能提示所指的对象是否同一的词。

词语的形象色彩及其功能

一

语言中相当多的词语,除含有概念性的或关系的意义之外,还具有感性的表达色彩。这种表达色彩是语义中的成分,有感情色彩、态度色彩、风格色彩、语体色彩① 及形象色彩等类别。通常较被重视的是感情色彩和态度色彩,风格色彩和语体色彩也已引起学者们的注意,唯独形象色彩较被忽视。高名凯先生在其关于语义系统结构的论述中,曾提出过"表形象"的"意义色彩"②,后来也有人谈及形象色彩和同义词的关系③,但都没有就形象色彩问题作专门的探讨和深入的分析。

很多词语,除代表一定的对象这种理性意义之外,还同时含有关于该对象的某种形象感。这就是形象色彩。称为"色彩",能够表明在词语意义中的次要性质和依附于理性意义的地位。

词语的形象感,以视觉形象的居多,也有听觉、嗅觉、味觉、动觉等形象感觉,都是词语所指的对象在人们意识中的一种感性的、具体的反映。例如"金钱豹",使人仿佛看到所指

---

① "语体"指语言因交际条件不同而形成的书面语和口语。

② 高名凯《语言论》,207—208页,212—213页,科学出版社1963年。

③ 见李行健、刘叔新《怎样使用词语》,53—54页,天津人民出版社1975年。

的猛兽有着黄色钱状的花纹；"虎视眈眈"，呈现一种威逼、凝注的、企图占夺或袭击对方的凶猛目光。这是视觉的形象感。其他非视觉的形象感，如"冬冬当当"，使人听到热闹的敲锣打鼓的声音，"香喷喷"让人感到好食物的一股香昧象是扑鼻而来，"甜丝丝"带来仿佛尝到甜味的感觉，"哽咽"有一种哭泣时声气阻塞的动感，等等。有的词语形象感，还综合了不同形式的感觉。例如，"扑啦啦"既有鸽子之类忽然振翅起飞的声音感觉，又可呈现拍翼而起的视觉形象。

形象色彩应是语言词语中客观存在的事实，即应是大家都同样有的形象感觉。凡词语只在个别人意识中引起的形象感，都不是语言事实，不能算词语的形象色彩。比如"狗"这个词，假定会使某甲产生早年咬过他的那个恶狗的形象感觉，那么这就只是某甲个人的意识，并不是"狗"的客观词义中的形象色彩。但是象上面列举的"金钱豹"等词语就不同，它们无可置疑地具有形象色彩，因为在大家的意识中都会浮起某种具体的形象。

在话语中，特别在文艺作品抒情的和描写的言语中，词语由于和别的词语单位组合起来，常处于特定的语境而会临时具有某种形象感。这是词语自由搭配的产物，依赖于自由搭配成的整个语段并成为这语段意思的成分，属于言语现象而并非语言词汇单位固有的意义内容。例如王维的诗句"大漠孤烟直，长河落日圆"，"直"表现出孤烟的形态，而且它是在大漠上直升向空；"圆"被赋予落日的形状、光色特点，是悬在长河之上为流动泛光的河水所映衬的。无疑，这里的"直"和"圆"具有特殊的形象性，展现出了壮丽的境界。但是两个词单独来看，这样的形象感并不包含于词义之中。再看现代散文中的一

32

个语句："在这高山深谷中，云烟冉冉，晨雾流荡。"（碧野《情满青山》，31页）"云烟""晨雾"由于分别受"冉冉"、"流荡"的影响，又处于"高山深谷中"所赋予的特定语境，是有特殊的形象意味的；但这意味同样不可能是词义本身所固有的，两个词在词典里绝不能作出含有该意味的解释。词语在个别言语中的形象感与它本身可能具有的形象色彩是两回事，不能混淆。前者由话语语言学去研究，也可由结合着句法来分析语句意义的所谓"句法语义学"去研究，而后者则是词汇语义学所要研究的对象。

言语范畴内的形象感，一如言语的意思内容，每日每时都有无数新的涌现（有好些又随生随灭），其数量是无限的，范围无从确定。即使很平淡的词，由它们组合起来的整个话语也常会有形象性。比方："他停下来，望着人们。"（方纪《三峡之秋》）象这种语句的形象感，在人们的言语中实在是无穷无尽，当然更需要把它们同词语单位的形象色彩区别开来。

在语言性质的和言语范畴的形象感之间划清了界线，探讨词语的形象色彩问题才有个合理的基础和明确的范围。

二

不同的语言或方言，指称什么对象的词语带有形象色彩，会各有不同。这是各民族不同的文化传统和社会生活，或各地区不同的特点、习俗所决定的。但是，在形象色彩主要分布的词语类型上或产生的基本来源上，各种语言方言也会有某些共同性。拿现代汉语来说，词语的形象色彩主要来源于如下各类词语，从中不难看出各种语言会有一致的地方：

1. 内部形式异常生动别致的复合词。比如"须眉""佛

33

手""山里红""吊钟""金盏"（水仙的花心）"四脚蛇"
"续弦""吐翠""汗颜""鹅黄"等等，都能显露对象的突
出特点，表现得十分生动、具体、形象。因此这些词具有形象
色彩。造成内部形式能呈现对象的效果，或者是由于直接提出
对象的具体特点，如"须眉""羞赧""汗颜""卷心菜"
"映山红""凌霄花""山里红"等等（这里又分为两种情形：
提出的特点只涉及对象本体的，如"须眉""羞赧"；特点涉
及对象与周围事物的关系的，如"映山红""凌霄花"），或者
由于用别的事物具体比喻出对象的特点，如"佛手""吊钟"
"金盏""羊胡子"（内蒙的一种草）"葛藤""续弦""瓢梨"
"鸡冠花""尺蠖"等等。复合词的内部形式如果是平淡的，
或只抽象地反映对象，如"胡萝卜""洋葱""抑制""安置"
"自大""聪明"之类，就不可能有形象色彩。有的内部形
式，虽然用了比喻，但比喻得不真切或不够实际和具体，也不
会有形象感。如"美人蕉""没骨花""凤蝶""狮子头"
（一种肉菜）"睡莲""龙虎斗"等等。

2. 有具体比喻的成语。例如"一盘散沙""一刀两断"
"缘木求鱼""大海捞针""无病呻吟""狼吞虎咽""鱼贯
而入""风吹草动""快刀斩乱麻"等，都含具体形象的比喻，
字面意义显然带有形象色彩。有时，不以别的事物作比喻，而
以夸张表现对象的某种特征来比喻，这也会造成字面意义的形
象色彩，如"摩肩接踵""垂涎三尺""瞠目结舌"之类。有
不少成语，字面意义的比喻或者只是数量的夸张而缺乏实感
（如"千头万绪""千山万水""千篇一律"），或者远离实际
（如"为渊驱鱼""与虎谋皮""天诛地灭"），或比较抽象（如
"小题大做""坐收渔人之利""三心二意"），那就没有形象

34

色彩。

3．鲜明地表示某种特殊运动形态的动词，它们的内部形式并不生动，但所指的对象能伴随着概念性的意义而在某种程度上呈现出来，因而能具体地为人们所感觉。例如"奔驰""挥动""颤抖""瑟缩""抽搐""蹲伏""摇曳""晃荡"等等，是有形象色彩的。

4．表示某种声音的象声词。例如"轰隆""哗啦啦""喔喔""丁当""啧啧"等，语音形式逼肖地表示声音，使人如闻其声。这引起的听感，是形象色彩，并非概念性的抽象意义。象声词当然也有抽象的含义。莱昂斯（John Lyons）正确地强调，"任何符号系统都具有意义性，即有能够传达意义的性质"①。象声词是语言符号系统的一种符号单位，因而也必然传达意义，就是表明代表着一定对象。正是由于有这"代表着一定对象"的抽象意义，象声词的声音形象感觉才能是一种色彩，才有其存在的依据。不过，象声词语音形式的象征作用很强，以至形象色彩几乎掩盖了抽象意义；尤其当词游离于句子结构之外时，容易把象声词看成仅仅是一种模拟的声音，这是误解。

5．构词上具有叠音形式（象声者除外）而带描摹性的、或者带有后缀"然"而能显示一定情状的形容词。例如"涓涓"、"滔滔"、"绵绵"、"滚滚"、"胀鼓鼓"、"沉甸甸"、"火辣辣"、"绿油油"、"纷纷扬扬"、"骂骂咧咧"、"坑坑坎坎"，"愕然"、"粲然"、"悠然"、"泰然"等等。

6．一般具有比喻性的转义的词。这样的词用在转义上

---

① 莱昂斯Semantics，79页，剑桥大学出版社1978年。

时，由于本义对转义的比喻通常成为形象的烘托，因而会带上形象色彩。例如"沐浴"，在说"沐浴着温暖的阳光""沐浴在波光中"时，转义"沉浸"就具有沐浴活动的烘托。在"攀登科学的顶峰"这种说法中，"顶峰"的转义"发展的最高点"，有着顶峰形象的烘托。再如"包袱"的"沉重负担"义、"疙瘩"的"不易解决的问题"义、"崩"的"关系破裂"义、"叮"的"追问"义等等，都有类似的情形。词由引申而得的转义（如"日"的"一昼夜"义、"素"的"非肉类食物"义），是不可能有形象色彩的，因为本义没有以共同的具体特征来作比喻。在言语中临时使一个词产生形象比喻的情形（如鲁迅《风波》里写的"人人的脊梁上又都吐出汗粒"），由于本义所烘托的意义及其色彩都属于主观意义，因而不是词语形象色彩范围内的现象。

7．某些表意生动具体的惯用语。惯用语不同于成语，没有字面的比喻意义和真实意义之分，是直接指明对象的，但是这并不排斥形象表达的可能性。当所组合的词比较平淡时，组合的结果也有可能造成具体生动的情景而带来形象色彩。如"促膝谈心""含苞欲放""狂饮大嚼""眉来眼去""嗤之以鼻""摇头晃脑""翻箱倒箧"等。一个惯用语如果包含带形象色彩的词，那么往往就由此造成整个组合都有形象色彩，例如"惶惶不可终日""恍然大悟"、"粲然一笑""啧啧称奇""思想疙瘩"等等。

8．在词的固定搭配组合中，为邻近的词的形象特点所感染的词。这样的词具有形象色彩，是由于所处语义场内词义的相互影响。鲍林杰(Dwight Bolinger)称这类影响为"动态的相互关系(Dynamic relationships)"①。例如"银光闪闪"，"闪闪"使"银光"所指的光色显得闪烁耀眼；"吃吃地笑"，"吃吃"使"笑"的行为带上笑声和因有趣而笑的笑貌。再如"热气腾腾"中，"热气"受"腾腾"的感染；"余音袅袅"中，"余音"受"袅袅"的感染；"侃侃而谈"里，"侃侃"感染了"谈"；"果实累累"，"累累"感染了"果实"；"依依惜别"，"依依"感染了"惜别"，等等。词在固定搭配中染上形象色彩，是语义场或动态的相互关系在语言方面所形成的事实。这种形象色彩由于为固定搭配所产生和巩固，因而是语言的词义所包含的成分，只不过它不能离开相应的固定搭配组合而存在。

以上八类有形象色彩的词语，除第五类是汉语所特殊具有者外，其余七类是其他语言都能有的。值得注意的是，汉语中不论哪一类词语的形象色彩，一般都会由于词语使用得频繁或已变得不新鲜而消磨掉。例如"鼓吹""垮台""标兵""插手""突破口""百花齐放""力争上游"等，存在的历史并不长，但晚近频繁地使用；"推敲""琢磨""按捺""煎熬""矛盾""东山再起""狼狈为奸"等已使用很久而不新鲜，因而起初具有的形象色彩现在都已消失。形象色彩的稳定性不很强，其生命远不如词语的抽象意义那样长久，这恐怕也是各种语言一致的规律现象。

从存在的方式来看，各种来源的词语形象色彩可以归纳为三种类型：

（1）自体的。以单独一个词所指的对象本身的形象性而出

---

① 见鲍林杰Aspects of Language，第二版，200页，1975年美国出版。

现。上面(1)(3)(4)(5)四类的形象色彩都属于这一类型。自体的表现，数量上较多，形象真切。

（2）背景的。以非本词语所指的事物形象映衬地出现。上面(2)(6)两类的形象色彩属于这种类型。背景的色彩往往生动别致，饶有风趣。

（3）牵连的。以倚凭于固定搭配的其他词的形式，或凭借不同的词固定地结合和互相作用的形式，而有其存在。上面(7)(8)两类的形象色彩是牵连式的。这种类型表现得就不那么明显。

三

词语的形象色彩具有一定的功能。表现在如下三个方面：

1. 使所在的词语具体指明对象，从而增强语义的明彻性，有助于人们具体认识事物对象。一个词语除了代表某种对象的抽象意义之外，如果又含有表现这对象的形象色彩，自然会使对象十分清楚明确，使人们能通过这词语很好地把握对象和交流认识。这是为什么会有比喻的转义、形象的成语以及生动别致的内部形式不断产生的重要原因。比方，说"发展的最高点"，虽然可以，但用"顶峰"来代替这个说法，同样的对象就表示得很具体、明白，使人容易懂得它"最高、最完美的阶段"和"较难达到"的性质。又如语言中已有"恶毒"一词，意思有点平淡和抽象，于是另创造出成语"蛇口蜂针"，把狠毒害人的特点具体表现了出来。语言中指一种花的"杜鹃"，内部形式(有个典故)已变得不很明白，表意变得抽象，因而有借助内部形式而作形象展现的"映山红"的出现。许多时候，形象的反映是词语清楚指明对象的极其重要的手段。比方，不少动植物往往需应用这种手段来命名，以利于识别。例如"狮头鹅""扇尾鸽""猫头鹰""丹顶鹤""斑马""长颈鹿""眼镜蛇""羊胡子""狗尾草""剑麻""蛇瓜""发菜"等等，就是这样命名的。许多风景名胜也需要形象地命名，以具体标明特色而引人入胜。如杭州的"柳浪闻莺""三潭印月""花港观鱼"，泰山的"壶中阁""南天门"，广州的"白云松涛""双桥烟雨"等，都给人提供了风光绮丽的画面。又如红、绿、黄、蓝、紫等颜色，各有不少色调不同的种类，要很好地一一标明这些细分的颜色，不利用形象的命名方式是难以做到的。以各种红色来说，就需有借物状色的"桃红""桔红""玫瑰红""石榴红""玛瑙红""金鱼红""砖红"等等。

2．可造成与其他指同样对象的词语之间的同义关系，从而成为词汇同义组的一种构成因素。不少同义组，只是由于组中一个成员具有形象色彩而得以成立的。如"续弦、续娶"，"醒悟、省悟"，"羞涩、羞臊"，每组前一单位带形象色彩，因而不带形象色彩的后一单位就同它对照，形成同中有异的同义关系。较多情形下，同义组由多种因素构成，但是形象色彩可以是这多种因素之一。如"顺利、顺遂、顺当、一帆风顺"四个单位之间除交错着语体色彩上和细微意味上的区别之外，后一个成语和前三个词之间还存在着有无形象色彩的对照。在形成词汇众多同义组的意味色彩细微区别的纷繁系列中，形象色彩是占有一个重要位置的。

3．运用在言语中，可以使搭配的词语产生特殊的形象意味，尤其能使言辞话语生动具体，富于色彩。词语在自由组合中临时受到形象性感染的情形，上面已谈过并举出过实例。词语形象色彩在言语方面的主要功能，是使整个语句的意思表达

39

得形象、真切。诗句中作为"诗眼"的词，如果具有形象色彩，那就大大有助于形成整个诗句的意境。"僧敲月下门"之所以优于"僧推月下门"，重要原因之一就是"敲"有声感的色彩，使诗句所写的情景有声有色，既增加了境界的逼真感，又韵味盎然。古代诗人有意用形象性的词语来代替一般平淡的名称，如以"白发"代"老人"，"蛾眉"代"美人"，"蓬门"代"穷家"，"寒香"代"梅"等等，是同创造诗句的形象意境分不开的。现代作家在使用形象性词语上面下功夫，从而求得语句表达上真切、具体的情形，在作品里几乎随处可见。举两个例子：

> 又是一对鹌鹑从路旁草丛间扑啦啦飞起，打断了四喜和赶车老王的唠叨，……（柳杞《好年胜景》《建国十年文学创作选·散文特写》198页）

> 顶上已有一米多长的一排砖掉了，红色的火焰就从这道缝里"呼呼"地喷出来。（胡万春《家庭问题》，156页）

"扑啦啦"不仅形象地表现了鹌鹑突然飞起的音响和动态，而且把田野的平静风光及两个人物因鹌鹑的振翅飞起而中断语声的情景生动地映衬了出来。"呼呼"以具体的喷气声，把从缝里冒出的火焰写得活灵活现；不用这个词，语句就未必能如此生动传神。

词语的形象色彩有着这样显著而多样的功能，自然很值得重视。无论语义学、修辞学的研究，还是同义词的辨析，都应该考察词语形象色彩的表现，揭示其作用。在语文教育中，如果注意作形象性词语的分析和运用上的指导，对于提高群众的语言表达技巧和作品欣赏能力，会有重大的意义。而为了让人们了解词语的形象色彩以发挥其作用，词典在释义方面是负有

40

特殊责任的。释义如何处理好语义中的形象感成分，是一个应当进行研究的问题。

（《中国语文》，1980年第2期）

词目的确定和词汇的范围

（一）

编纂词典首先要解决的问题，是确定收取什么单位作为词目。这个问题解决得如何，在很大程度上决定了词典的面貌和使用价值，其重要性是不言而喻的。但是很少见到一部词典对于词目选收的原则和依据，作出什么说明。一些词典在凡例中只是说到收取成语、俚语等等，或酌收谚语、名言等等。一般只简单地提一下本词典所收词语的条目总数。有的编纂者把词目数量大或收取面广而引为可贵的特色。但是词目是否确定得很合理？如果从这方面细加考察的话，那么所谓可贵的说法，就可能要打一些折扣。

词目的确定是词典编纂上的一个根本问题，这一点，词典编纂者是会意识到的。但是往往并没有在指导思想上或理论上给以重视。从许多词典看来，词目的确定大都凭靠经验，或者依据原有的词典陈陈相因，或者出于某种目的或编纂体例的考虑而行事。至于语言科学的原则依据，编纂者也可能考虑到，但一般恐怕是比较模糊而不明确的。

这种状况，就使得词目收取不当的现象存在于相当多的词典——特别是普通词典——当中。例如，商务印书馆1957年重印的《汉语词典》（删节自黎锦熙主编的《国语辞典》），不

42

是其中所有词目都能成其为汉语词语单位的。这里面有很多词的自由组合体，即通常所谓的自由词组。以由"不"开头的词目为例，列有"不配""不怕""不美""不对""不短""不能""不同意""不见了""不经济""不好过"等等自由词组六十多个，占了所收的"不"字开头的全部词目的20%左右。整部词典所列自由词组之多，可见一斑。不言而喻，如果词典在词目的收取上给自由词组打开大门，那么以自由词组充作的词目会是无限量地多。列入了"不"加单音或双音形容词的自由组合，如"不美""不短""不经济"等，就没有理由不可以列入所有其他同类的自由词组，如"不高""不丑""不便宜""不干净""不科学"等等。同样，既然把动词或动词性词组受"不"否定的自由组合，如"不怕""不同意""不好过"等列为词目，那么当然也可以把所有类似的自由词组定为词目，如"不想""不说""不过问""不好办""不难做"等等。如此一来，各种各样的自由词组，会以千万计地涌入词典，别说近于大型的《汉语词典》收容不了，就是多卷本的大词典恐怕也难以装载得完。而这样做是毫无必要的，徒然耗费纸张，因为读者知道了自由词组所含各词的意义，就自然了解它们自由组合成的整体的含义。问题还在于，收进大量自由词组的词典，在性质上已不好说是真正的语言词典，它只能成为臃肿不堪的言语片段辑录。

可见，普通词典收取自由词组为词目，原则上说，是不正确的。这种现象，除了见于《汉语词典》，也在不同程度上出现在其他一些词典中。早一点的，如两大册的《辞通》（朱起风编，民国二十三年），虽然编纂者以收双音语语为对象，却杂有不少古籍中的自由词组。如后一字为"风"的词目中，收有

43

"凉风""溯风""疾风""烈风""反风";后一字为"中"的有"梦中""室中""楼中";后一字为"之"的全部五十二个词目,除一个是人名(攸之)之外,其余全是两个单音词的自由组合,如"而之""如之""埋之""潲之""魿之""亡之""偿之""改之""毁之""顺之"等等。四十年代中期的《词典精华》(翟健雄编,世界出版社),所收的自由词组比比皆是,如"一"字开头的就有"一宗""一抹""一注""一掬泪""一脚指""一块肉""一时之火""一生吃着不尽"等等。在一系列的汉语—外语对照词典中,自由词组和词语并列为词目的现象也是常见的。巨册的《华英词典》(CHINESE ENGLISH DICTIONARY, Herbert A.Giles编,1912年第二版),甚至广收自由组合的语句为词目,如有"都走了一个干净""叫他走开""没法子了事""你可是真老糊涂了""听了这些话没个来历"等等。半个世纪之后,情况没有多大的变化,如六十年代的《汉法词典》(1959年初版,1964年第三次印刷,商务印书馆),仍收有"安身之处""按……第几条""按人口""按数均摊""暗地活动""何所思"之类。

众所周知,不同词典在词目收选上往往互相参照,特别是单一语言的详解词典对于以此语言为词目的对译词典来说,常是重要的依据。象《汉语词典》,在词目收选上,对汉语—外语对译词典(尤其国外编纂的)所给予的影响,是相当大的。《中日大辞典》(日本爱知大学编,1968年初版,1971年再版)并非偶然地广收自由词组为词目,只以"不"字开头的词目看,其中属于自由词组的在数量上甚至大大超过《汉语词典》。后者所收的"不服""不服气(儿)""不对""不短""不顾"

"不管""不合"等等，绝大多数都原样地也在《中日大辞典》里列着。

对译词典为了帮助读者学习外语，多举出一些自由词组和语句是对的，但是它们可作为词语运用的实例列举，而不应当列为词目。

词目收取不当，不仅表现为收进自由词组及自由组合的语句。只不过这种情况比较突出一些。其他的问题，还有滥收方言词语和古代消亡了的词语，在普通词典中列入狭窄的专门词语，等等。各种收取不当的毛病，都带来一定的消极影响。它不仅削弱了词典的科学性和实用性，而且会模糊词汇的面目，给确定语言词语单位设置障碍，增加词汇规范化和词儿拼写的困难。

一般地说，词目确定得不当，虽然有多种情形，但是可以概括出一种共有的状况，就是都同语言词汇的实际不相符合。而造成这一点的原因，主要是由于对语言词汇缺乏正确的认识。这其中尤以不明确语言词汇的范围带有决定性。

因为就通常的、绝大多数的情形而论，词典是语言词汇或其某一部分、某一侧面的表现，是语言词汇成员——词语单位的汇编。换言之，凡不属于语言词汇的单位，由于没有约定俗成或没有在语言和社会交际中形成固定的形式，就没有资格进入一般的词典。如果对于语言词汇的范围不清楚，对于某一些单位能否属于语言词汇不明确，确定一般词典的词目自然就缺乏必要的依据，易将非语言词汇成员的单位定为词目。

(二)

从语言学理论的研究情况看，责备词典编纂者不知道语言

45

词汇的范围，并不公允。词汇学问题的研究是比较薄弱的，甚至关于词汇的范围也还没有引起过学者们的注意。

语言只有词汇拥有极其纷繁庞杂的成员，每个成员又都各有其内容、形式的个性。同语法、语音相比，词汇所包含的构成单位在数量上和繁复程度上恐怕要超过千百倍。要全面地把词汇的全部成员汇拢来一一了解，还要从中作出科学的概括或一般性质的说明，是很不容易的。问题还在于，词汇在空间的扩展伸延和在时间上的延续发展，使得掌握一种语言的词汇整体，即确定好词汇的范围，成为相当难的事情。

这里，要解决问题，应当首先明确一个基本原则：词汇是语言的一个构成部分，它的任何成员都不容许是超语言的。

词汇之只属于语言，这个普通常识对于确定词汇的范围来说，需要特别提出来强调。虽属常识，概念上却远不是都透彻清楚的；各人的看法又往往有分歧，尤其对"语言"指的是什么，人们的理解还很不一致。

词汇既然毫无疑义地是语言的构成部分之一，这个事实本身就规定了词汇不能有越出语言性质范围的成员单位。而"语言"，应当指的是社会成员彼此间共同用来交流思想的交际工具，不是其他的什么。由词汇、语法、语音构成的语言，不仅是个有确定的形式和范围的整体，而且是个系统，为使用它的任何人服务。斯大林阐明，语言"作为人们在社会中交际的工具，同样地为社会一切阶级服务"①，"成为社会全体成员的共同的东西，成为社会的统一的东西"②。很清楚，从社会本质上来理解的语言，是社会共同统一的、因而有一定体制规模

① 斯大林《马克思主义和语言学问题》，第9页，人民出版社，1971年。
② 同上书，第5页。

的工具。既然如此，应当把话语、言辞——所谓言语作品或言语，同语言区别开来。言语从一句话到一篇文章、一部著作，都表现思想内容，具有个性，对于社会全体成员来说，它不可能是共同统一的工具，不可能一视同仁地为社会各阶级的成员同等服务；同时，它不断大量涌现出新的单位，而这些单位绝大多数又随生随灭，在数量上，言语的单位是根本无法计量的。因此，若把言语也视作语言，语言就会丧失其作为社会全体成员共同的交际工具的性质。诚然，"语言"一词，在日常应用中，除了用来指汉语、藏语、上海话等等作为人们交际的工具之外，也常用来指言辞话语．如说"作品的语言"，"这个作家的语言很好"，这并无不可。成为社会一般习惯的用法，是不能也不必废止的。但是在语言学领域来看问题，尤其为了弄清词汇的范围，却必须把"语言"看作一个重要的术语，只使它表示一个科学的概念，即只用来指社会集体共同使用的交际工具，而不指言语。

在这一认识范围内，还须澄清一种容易引起的混淆。"语言"常用来指民族共同语，同"方言"相对立。在这种场合下，"语言"是狭义理解的，特指某种类型的社会交际工具。"语言"的狭义理解应同广义的理解区别开来，虽然二者关系密切。广义的理解是基础。列宁和斯大林对语言所作的定义，就是广义的概念。按照广义的理解，语言指的是任何具有自己的词汇、语法、语音的社会交际工具，既可以是共同语，也可以是地方方言。分析研究词汇范围，须得以这种广义的语言来作为考察的依据或背景。

明确了词汇是具体语言系统的组成部分，在如何认清词汇范围这一问题上就可以确定出几条原则：

第一、既然具体语言系统是个有一定组织形式的整体，作为其组成部分之一的词汇，就也是有确定范围的，其成员是可以统计的。这就如同语音有一定数量的音位、音节，语法有确定的形态单位和结构单位一般。当然，词汇的构成单位要比语音、语法多得多，词汇也远不如语音、语法那样稳定，但这是量上、程度上的差异，不是范围确定性在本质上的不同。

第二、言辞话语以及包含于其中的自由组合片段，都不应列入词汇。

第三、不能把语言词汇同个人或一部作品所用词语的总和混为一谈，虽然后者也常被称为"词汇"。个人或作品的"词汇"，只具有语言词汇的一部分成员；另外，它可能包含有个人所造并只用于本人的"词语"和"词义"，可能含有狭窄集团的习惯用语，这些成分都是超语言的。为避免术语概念的混淆，有助于词汇研究和词典编纂工作的进行，称个人的、作品的或社会习惯语的词汇为"语汇"，似乎好一些。

第四、凡属于另一语言系统的词语单位，不能划入本语言系统的词汇中去。这里主要应分清民族共同语和方言在词汇上的界线。

（三）

词汇不止是语言系统的全部的词。斯大林曾指出："工业和农业的不断发展，商业和运输业的不断发展，技术和科学的不断发展，要求语言用进行这些工作所必需的新词、新语来充实它的词汇。"① 语言中有很多结构稳定的、比词大而作用和

---

① 《马克思主义和语言学问题》，第8页。

词相当的固定语，就是斯大林这句话中所说的"语"。它们无疑地也应当是词汇的成员。因此，实际上，词汇是一种语言系统的全部词语的总和。

要弄清词汇的范围，具体化一些，就是哪些词语能包括在本语言系统内的问题。

我们提出并需要解决这个问题，主要是着眼于民族共同语。专门编方言词典，也碰到该方言词汇范围的问题，不过这种词典毕竟不象民族共同语词典那样具有普遍意义；另外，民族共同语需要确定词语的规范，方言却无此必要。因此，下面只谈民族共同语的词汇范围问题。

首先，自由词组应加以排除。理由在前面已经说明。自由词组归属言语范畴，并非语言系统全部词语的"语"。美国结构主义语言学派把一切自由词组看成"语言形式"（linguistic form）之一，这不仅混淆语言同言语，而且也混淆语法和词汇。从自由词组抽象出来的结构形式，才属于语言系统，不过这是语法的结构单位，即语法学上的"词组"，同具体的词的组合体当然并非一回事。

要把自由词组排除于词汇之外，关键在于分清自由词组和固定语。无论把一些自由词组误作固定语，还是把某些固定语视为自由词组，都严重影响词汇范围的精确程度。两种单位的主要不同点，在于固定语有定型性和复呈性（即经常以造句的成分出现于人们的言语中），而自由词组则不定型，无复呈性。自由词组是出于"个人意志"，在言语中随时随地组合若干词而形成的；它即使以同样的形式出现在不同的言辞话语里，也只是遣词造意上的雷同现象。复呈性须得有定型性作为前提。采用插入成分或附上成分、替换同义或同类成分、改变词序等

49

方法，来查测是否具备定型性，即可鉴别固定语和自由词组。
举词的组合的一些实例来看：

a	b	c
胸有成竹	有把握	信心百倍
水落石出	终于明白清楚	真相大白
出尔反尔	说了这样又不这样	反复无常
颠三倒四	说话混乱	前言不搭后语

a类既不能插入成分或附上成分（加入结构中来），也不能替换个别成分和改变词序，其定型性是无可怀疑的。所谓成语，都属于这一类。b类可以插入或附上成分（如"有很大把握""极有把握""终于十分明白清楚"），或者能改变词序（如"说了不这样又这样"）、替换成分（如"说话糊涂""思想混乱"），因而是没有定型的组合。a、b两类截然相反，无疑一个属于固定语，一个是自由词组。c类细加检验，也是有定型性的——有的和a类一样，构造上一点也不容变动（如"前言不搭后语""真相大白"），有的不是其中每一个词都能替换或都能有多种替换形式（同词性的词），构造上仍然基本定型（如"信心百倍""反复无常"）。它们虽然在语感上一般不被看作成语，但显然已非自由词组；这类词的组合体还具有复呈性，在句子中的作用相当于词，因此，应该也是固定语的单位。成语除外，词与词的固定组合，词与词某种程度上定型的搭配组合，都可入于c类。

象a类、c类那样的单位，就是固定语，都应肯定为词汇成员。

在固定语和自由词组之间，有所谓谚语和其他流行的语

50

句。它们也常以同样形式出现于人们的言辞话语中，即具有某种程度的定型性，但是它们并没有复呈性的特点，出现在言语中只是被引用。定型性并不必然带来复呈性。谚语和其他各种流行的语句，都是一种言语作品，出现在言辞话语中自然只能是有意识的搬引，不大可能象词或a、c类单位那样"复呈"。这样的作品，既然只以"运用语言的产物"的"身份"出现于言辞话语，就没有理由看作语言系统内的单位，即它们不可能是词汇的成员。

因此，原则上不应把非固定语的流行语句收进一般词典作条目。可以把它们汇编成册，甚至可以专门编选古今文籍中比较好的自由词组，不过这已不是词典的任务，至少不是一般词典范围内的问题。《佩文韵府》以取齐下字的韵藻、对话、摘句的体例，把前人作品中大量的自由词组和语句都汇编了起来，而它们并不充作条目，只是处理为条目字后带出的附属部分。应该说，这暗合于语言科学的原则。

（四）

一种语言系统全部的词都属于词汇，这个原则本身似乎很简单，但是具体加以贯彻运用，却产生复杂的问题。

首先，什么样的词才是本语言系统的？什么词要排除在这一语言系统之外？

这里，除了不能承认个人生造的"词语"，把它们同语言的新词语严格区别开来之外，从民族共同语来看，主要在于怎样去识别和处理方言词。外族语言的词，通常是极易识别的；借自外族语言而在语音形式上有所改造的外来词，当然属于本族语言系统，也很容易识别。但是，在什么情况下，一个词只

51

属于方言，而不属于共同语的系统？在什么情况下，一个词既属于方言又能归属共同语？这却不很清楚。

一个民族在同时具有共同语和各种方言的情况下，会有许多人把方言的某些词同民族共同语的词掺在一起使用。现代社会里，民族共同语和各方言之间，是有许多渠道沟通着的，彼此互相影响，互相作用。尤其词汇方面，可以说处于互相渗透的状态。民族共同语和基础方言之间，由于词汇相同的部分大大超过不同的部分，加上一者是另一者的基础，彼此在词汇的相互关系上，就更是错叠融接，异常复杂。如果民族共同语普及的程度较低，方言的分歧较大，特别是基础方言本身又存在地域的分歧，那么方言的词同民族共同语的词之间的界线就越发不容易划清。现代汉族人民的语言正是这种情形。

尽管要具体确定一个词应归属民族共同语还是方言，在许多情况下存在技术上的困难，却并非不能确定一些使鉴别做到正确合理的原则。

第一是看使用的普遍性如何。凡一个词是基础方言的地区内普遍使用的，或者已越出狭小方言地区的使用范围，而在整个民族社会内或社会主要区域内使用开来，就应该是民族共同语词汇的成员；反之，一个词只为范围相对小的个别方言地区（包括基础方言区内可能细分出的个别方言区）所使用，即所谓"太土"的，只能是方言的词，不应划入共同语。

民族共同语的词，很大一部分同基础方言的一致（虽然在语音方面可能由于历史音变而有所不同）。但是绝非基础方言任何的词都能够是民族共同语的成分。如果基础方言是广泛的区域方言，使用的人口占了全民族多数或远远超过其他区域方言，它的在本区域广为使用的词自然有资格（而且很容易）上

52

升为民族共同语的成分；而这基础方言中一个个地点方言各自独有的词，则必不符合"民族共同"的要求。以汉语来说，既然流行最广的区域方言"官话"，是普通话的基础方言，官话区的人们共同使用的词，无疑就可以是普通话的词。实际上，在整个官话区，只要是较多地方使用的，特别是包括北京地区也使用的词，便有资格进入普通话。这是由于实现普遍性有了保证条件。因此并非偶然，这些词往往出现在电影、广播甚至书报当中，逐渐通用于各地区，如"胡同""面条儿""手绢儿""烟卷儿""掸子""糨子""裤衩儿"等等，就是这样一类词。应当承认，它们既是方言的，也是普通话的。当然，官话中流行不广或比较土的词，就不能归入普通话词汇里去。官话本身是个多系统的综合体，包含着层次不同的区域方言①和许多有鲜明个性的地点方言，其中比较土的词会有不少。象北京话的"颠儿""步辈儿""格涩""闹气儿""哈拉子"，西安话的"衫子""钩搭儿""偏岸儿"，成都话的"罩子"（帐子）"壁头""棉絮"（褥子），合肥话的"麻啾子""绝猹""秫秫""包头菜"（卷心菜）"悠秋"等等，这类词只用于较狭小的地区，地方色彩显著，无疑是不能归入普通话的系统的。

民族共同语除了以基础方言大部分的词作为自身词汇基础之外，还要吸收其他方言的某些词。这些方言表现出其地方个性的词，一般要比基础方言的多，而能进入民族共同语的则大大少于基础方言。它们当中只有在整个民族中使用开来的，才同时是民族共同语的词语单位（相应地语音方面变得符合于民

---

① 如头一层有华北方言、西北方言、西南方言、下江方言等；次一层是，华北的山西话、河北话、内蒙话、山东话，西北的陕西话、甘肃话、宁夏话，等等。

53

族共同语的语音系统）。如粤方言的"顶瓜瓜""即刻""葵扇""龙眼""蛇羹""花市""冲凉"等等，现在应该说也是普通话的词。

这里，问题在于，怎样能断定一个本属于方言的词语单位有无民族共同使用的普遍性，或是否会发展出这种普遍性。当然，只能依据事实，须要进行大量调查。不仅要全面地、深入地了解各主要方言区口语用词的情况，而且也须要对各地区的民族共同语使用者作口语用词的调查。此外，报刊文字作品在用词方面的普查统计材料，同样是必要的依据，最少也可作为参证。方言的词成为民族共同语的词，往往通过书面的文学语言，有的甚至完全不经由口语传播而只在书面语中推广开来。比如吴方言的"噱头""龌龊"，粤方言的"出奇""即刻"，若不看书面语而只据口语的使用情况，就会轻易否定它们进入了普通话的事实。

从书面语找寻客观根据，牵连到另一个鉴别的原则，这个原则有对普遍性作补充的性质：如果方言的某个词用于当代权威性的报刊或典范著作而还没有在全民族当中普遍使用，只要表意新颖，民族共同语又没有完全一样的词能够代替它，那么从发展来看，可以把它列入民族共同语词汇中去。

权威性的报刊和当代典范著作，影响着广大的读者，在用词上是起着表率作用和规范作用的。因此它们采用某个方言词，意味着这个词有可能被大家接受，在各个地区使用开来；要是它有新鲜的意思或新的表意方式，那么会很容易进入民族共同语。吴方言的"亭子间""拆烂污"，湘方言的"过硬""过细"，之所以也成了普通话的词，正是由于为当代重要报刊和典范著作所使用，又在词义和内部形式上别具特色。

54

可以说，书面语中的方言词能属于民族共同语，要有两个先决条件：其一，书面语所在的报刊须是权威性的，所在的著作须是当代典范的；其二，词的意义或表意方式上新颖独特。凡不具备这样的条件，就不宜算到民族共同语里去。另外，有些文学作品有意采用了方言词，除了须看是否具有上述条件之外，还要看这些词是作品的人物在说话中使用的，还是作者在叙述或描写中加以使用的。方言词出现于人物话语中，同使用于方言区人们的说话中的情形一样，不存在能否划入普通话的问题。文学作品的言语风格规范，并不等于民族共同语的规范；在文学作品中适宜的词，放到民族共同语中不见得是符合词汇规范的。

以上只论到在词的方面划分方言和共同语的问题。固定语方面，也需要鉴别，是仅属于方言还是也可归入民族共同语。鉴别的原则同词的方面是一样的。比如，"老头儿乐""眼巴前儿""抠门儿""后半晌儿"等，并没有在汉民族中普遍使用，而只是流行于北京地区及其附近一些地方，因此不属于普通话，纯是北京话的固定语。而象出自方言的"穿小鞋""呱呱叫""小瘪三""煞有介事"之类，已为各地汉族人民所使用，且已出现于报刊和书面作品，它们成了普通话词汇的成员就无可置疑。

汉语普通词典在处理方言词语方面，有各种各样的方式和方法。其中一种较有代表性的是，一方面酌收少量的方言词语为词目，在解释语前头用符号标明属于方言，另一方面对于那些从方言进入了普通话的词语只选收一部分，似乎对其余的存有疑虑而加以回避。如《现代汉语词典》（中国社会科学院语言研究所词典编辑室编，1979）就是这样处理的。这部词典收了

55

"光巴""挂表""老八板儿""老火""老家贼""老公"
"刮打扁儿""呱嗒""合得着"等等方言词语；收了"姥
姥""胡同""糨子""老油子""龙眼""横竖""煞有介
事""呱呱叫"等来自方言的普通话词语，并正确地不加
任何方言的标记；但是象"拆烂污""写字间""花市""穿
小鞋"等也是从方言进入了普通话的词语却不收。编纂者对于
普通话把方言词语吸收过来的现象似乎肯定得不够，如把"老
财""老鸦""噱头""亭子间""刮脸皮"等等实际上进入
了普通话的词语仍标为方言。①

　　另一种处理方言词语的有代表性的做法，是广泛收取它们
为词目，而且使它们同普通话的词语完全混同起来。《汉语词
典》采取这种做法是异常突出的。比方仅是"老"字带出的纯
方言词语（主要属于北京话）条目，就有"老八板儿""老板
板""老背晦""老谛""老般大儿""老梆壳""老梆子"
"老绌""老头儿乐""老根人家儿""老家子"等六十多
个，都不标明是方言词语。南方学习普通话的广大读者，翻阅
《汉语词典》，很可能误信这类词语属于普通话，影响是不小
的。七十年代初再版的《中日大辞典》，几乎重复了《汉语词
典》的做法，甚至更为明显地把纯粹的方言词语列入民族共同
语中。如"老"字条下不仅同样有六七十个方言词语条目不标
明属于方言，而且又还收了十二个标为某种方言的词语，如
"老番[広俗]""老虎茄儿[京]""老细[南方]"等等。一种标明为
方言，一种无任何方言的标识，无标识的就等于表示属于现代汉
民族共同语。这恐怕会使日本读者对现代汉语产生某种误解。

----

　　①　《现代汉语词典》当中也有相反的情形，如把只属于方言的词"娄子"
列为无方言标记的词目，不过这种情形较少见。

56

一般地说，当代民族语言的普通词典要求反映民族共同语的词汇面貌，因而可以不收方言词语。但是也要考虑词典的实用性，尽可能适应读者各方面的需要。因此，少量地酌收某些较常见到的或以后有可能为民族共同语吸收的方言词语，是恰当的。但是对这部分纯属于方言的词语，必须作出方言的标记。

（五）

有很多词语，属于民族共同语似乎不存疑问，但若要从理论上阐明这一点，或者在词典编纂上考虑应否定为词目时，却存在着不少问题。这是专名和专门词语。

专名包括国名、民族名、人名、地名、机关学校团体名、书文报刊名等，有词，有固定语。专门词语包括术语和行业语，也有的是词，有的是固定语。

是否把专名都看作词汇的成员？不能简单地作肯定的或否定的回答。国名和民族名无疑都是词汇的成员，因为它们比较稳定而数量又不多，能普遍地为人们所知晓。很多普通词典不把国名和民族名收为词目，只列成简表附后，并非它们作为词汇成员的资格有问题，只不过说明它们是一类重要的专名，集中列表便于作简明的介绍，也便于检索和概览。

人名和地名很难看出个确定的数量范围。尤其是人名，究竟什么人的姓名才能进入语言，收作词目，似乎漫无准则。当然，不能把任何人名都看作语言中的单位，否则，以现代汉语来说，除去外国人和少数民族的译名不计外，就会有好几亿个人名的"词"！这明显地有乖于理。在众多人名中恐怕就存在一条界线，把能够进入语言词汇的和非语言的区别开来。大体

57

上说，伟人、杰出人物、作出过重要贡献的或家喻户晓的人物，他的姓名才成了词汇的成员。普通人的名字不可能也没有必要取得这种"身份"。就是在社会小范围内有点名气的人，其名字也未能进入语言词汇，因为它们未被整个社会的大众所知晓，而且它们从古今中外来看，也不知道该有多少，范围汲难确定。这样的人名，一般词典大多不收，是正确的。

综合性词典一般要稍为多收一些人名，其中一部分虽然超出了词汇的范围加以收录，也不能认为不合理。综合性词典除了罗列和解释普通词语之外，还兼有介绍各科知识的任务，多列一些人名条目就势所必然。百科词典更进一步，所收各科的专门家、发明家和重要学者名，会有相当多一部分越出词汇的范围，因为这些人名通常只是某一学科领域的人才知晓。至于人名词典，不论所辑的人名是某一民族或某一国度的还是跨民族、跨国度的，也不论是近代、现代的还是兼及古今的，是就本民族或世界整个范围收的还是只就某个社会活动领域来收的，都根本不能用语言词汇范围去衡量和制约。这种"词典"不如说是人名汇编，有其特殊的索查人物的作用。因此，历史上一些毫不重要、并不突出的人名，为现代一般人所不知晓的古代人名，往往都要选收。巨册的《中国人名大辞典》（1921年初版，商务印书馆），所收的人名，从上古至清末，数逾四万。编辑者在例言中说明，"凡经籍重要人名，上古圣贤，历代帝王诸侯及正史有传之人"的姓名，悉为录采，其他没有见于经史的，"或以著述书画名家，或以工商医卜及各种艺术闻世，以至有名仙释、著称妇女，兼及佣贩屠估、轶事流传"的，都加收录。这其中显然相当大一部分不能成为汉语词汇的成员。比如姓郎的人历来很少，但是《中国人名大辞典》也收了

58

三十六个郎姓人名，有多半是大家都十分陌生的。如"郎滋"，只是明代一个吏科给事中的普通官僚，弹劾过权贵；"郎遂"，清代人，编者的介绍，在列出籍贯和字号之外，只有五个字："有杏花村志"。象这样的人名，算做汉语系统中的单位，恐怕没有谁会同意。

地名的范围比人名的确定一些，数量上也大为减少，但是仍然相当庞杂。有较大的、为全民族所共知和常用的地名，如省名、重要城市名、主要的山川湖海名等；有小至只为局部地方所熟悉的村名、溪名、小岗名等等，已涉及是否属于方言的问题。无疑，较大的地名是民族共同语的词语。县名和重要的村镇名，成为名胜的山名、湖名、泉名及园林名等，都或者已为全民族所共知和共用，或者是本民族成员随时需要和可能熟悉的，因而也能列入民族共同语的词汇。凡只为局部小区域使用的小地名，应该不算进民族共同语里去。

普通词典对于地名的处理也还没有一致的方式。较多取回避的态度，有的干脆不收任何地名。这未必是恰当的。但是，中小型词典若把民族共同语的全部地名都收为词目，所占词目总数的比例就未免过大，有失平衡。看来，根据普通词典体制规模的大小，来决定地名的选收幅度，才切合实际。至于地名词典，既然是专门辑录和介绍地名的，就不受语言词汇范围的限制，以收录详尽、利于查检为好。

机关学校团体名常为词典编纂者所忽视。事实上，象"国务院""北京大学""中国作家协会"之类，是人们常用到的，也比较稳定，完全具有普通话词汇成员的资格。不过，各地方较小的基层单位和社团，它们的名称一般只在局部地区流行，不能认为进入了民族共同语，例如天津市的"南开区粮食局""天津市二中""天津师院学生会"之类。书文报刊名，同样存在着广泛流行的和只为局部地区或少部分人所知的两类，应区别对待。前一类是社会影响较大的著作、诗文的题目，重要报刊的名称，如《史记》《本草纲目》《红楼梦》《阿Q正传》《毛泽东选集》《离骚》《岳阳楼记》《人民日报》《人民文学》等等，他们广为人们所熟悉和使用，成了普通话的词语单位是没有疑问的。后一类是影响面小得多的书文的标题，地区性的小报、小刊的名称，恐怕不好看作民族共同语词汇的成员。

普通词典较少收录书文报刊名。原因除了不易作简明的解释之外，主要在于弄不清收选的原则。只要划出了广泛流行和局部流行的界线，问题是好解决的。

术语和行业语，众所周知，都有使用范围较广的或狭窄的两类型。使用范围较广，表明进入了民族共同语词汇。例如"折光""动力""超音速""遗传""针刺麻醉""辩证法""剩余价值""逻辑""典型"等术语，"抛锚""甲板""大副""支票""汇兑""垫肩""花边""追肥""密植"等行业语，都已广泛使用开来，学科或行业的专门色彩相当微弱或已经消磨掉，它们成了社会各界共同使用的词语是足可肯定的事实。而象"中子""电离层""高分子""脂肪酸""拓扑学""级差地租""接触桃板""发券""磺化"等等狭窄的术语、行业语，懂的人极少，当然没有资格列入民族共同语词汇中去。但是狭窄的并不一定永远狭窄，其中一部分有可能逐渐广泛使用开去，会存在一些处于广狭之间的专门词语。目前象"惯性""自动控制""离心力""烈度""断层""泥炭""井喷""左舷"等等，可说就是处于这种中间

60

过渡状态。从发展看，应该也把这部分专门词语列入普通话词汇。

狭窄的专门词语,数量是很不少的,在每个专门的社会活动领域里都大量存在着。应当承认,它们是一种词语现象。但是若把它们置于民族共同语之内,理论上势必动摇语言的全民性质。从实际出发,狭窄的专门词语既同民族共同语有千丝万缕的联系,又不可能是民族共同语当中的单位,那么事实上它们就处在民族共同语词汇的外围,围绕着、依靠着词汇而存在,其中某些单位有可能逐渐为词汇所吸收。

普通词典没有理由排斥并非狭窄的专门词语。曾有一种主张,认为一部规范性的词典应当"基本上不收专门科学技术用语、行业用语"①。这样不分广狭,基本上一概摒除的做法,是想求得现代汉语词汇的纯净和规范化,实际上却达不到目的,也未必行得通。因为相当一部分术语不但在社会各界推广开来,而且还发展出非术语的转义,如"形态""重心""焦点""共鸣"等等,不收它们是不合理的。普通词典一般在选收专门词语上也确实存在分不清广狭界线的缺点,往往收了狭窄的专门词语,而且在做法上和一般词目没有两样。例如《现代汉语词典》收的"锂""醌""硫胺素""硫酸铵""蝲蛄""露脊鲸""铃兰""莨菪"等等,《汉法词典》(北京大学西语系法语专业编,1959年初版)ān音下收的"安培计""安培表""安安蓝""安息香""氨基"等,都不设任何专门词语的标志。大中型的普通词典未尝不可酌收一部分狭窄的专门词语,以适应某些读者查检索解的需要,问题是它们应当用特

① 郑奠《现代汉语词汇规范问题》,见《现代汉语规范问题学术会议文件汇编》,73页,1956年。

殊符号注明属于某个专门领域，避免和词汇中的词语相混淆。

（六）

词目确定得是否恰当，还必然要涉及如何对待词汇变动发展的问题。要弄清词汇的范围，也必须考虑到词汇变动发展这一实际背景。

词汇作为语言中最易起变化的部分，不但古今的面貌差别极大，就是短短相隔一个世代甚至半个世代，也可能会有明显的不同。词汇的范围是否把词汇过去的历史现象也包括进去？要不要划在词汇发展的一定时期内？词目的确定同词语新陈代谢的现象应有什么样的关联？对这些问题，应该作出明确的回答。

词汇尽管变化发展较快，仍然可以在历史发展的长过程中划分出不同的历史时期，在每个时期内大体有个相对稳定的状态。不过，词汇是语言因素之一，它的历史时期的划分只能同整个语言的分期一致起来，因而这样的时期跨的时间较长，对于词汇来说，其间会存在较多的变动现象。这决定了，虽然词汇的范围一般是就某个发展时期（特别是当代的时期）而言，但也必然不可避免地要建立在变动性的基础上。如现代汉语词汇，有六十年的发展历程，这期间前后面貌并不一样：抗战时期的便不同于"五四"时期，而社会主义新时期的又不同于抗战时期。这就提出一个复杂的问题：曾存在于现代较前的阶段而现在已绝少使用的词语，是否划入现代词汇的范围？当前编的词典应否把它们收为词目？

还有另一种复杂的情况。已往历史时期的词语，除了很大一部分在人们口语中沿用下来之外，一部分只能使用于现代书面语，其余部分已经消亡；但是由于某种条件，久未出现的、

62

似乎消亡了的词语，能重新使用于现代书面语中。相反，某些曾使用于现代书面语的词语，却不知道从什么时候起消声匿迹。那么，自古代沿用下来而只见于现代书面语的词语，同已经消亡了的或久已不使用的古代词语应否区别开来？现代词汇的范围同它们有什么样的关系？现代语言的词典在收词上如何对待它们？这些也都不很明确。

上面的众多问题，归纳起来，可以集中在如何理解与处理旧词语和古词语上。

旧词语是现代词汇发展过程中所出现的。随着社会的剧烈变动和迅速发展，一些曾是现代早些时候流行的词语，很少再为人们使用，甚至被人们摒弃。因而这些词语成了现代词汇中陈旧的、渐趋死亡或已经消亡的单位。之所以称它们为"旧词语"，就因为本是现代存在过的，不同于古代消亡了的词语。如"黄包车""令堂""令郎""台端""邮差""扶乩""添丁""升官发财""千金小姐"，解放前还使用，现在成了旧词语，和"奚""耤""鲜""三公""合卺"之类早已消亡的古代词语显然不能混为一谈。

旧词语由于不久之前还流行着，还遗留在现代早些时候的书刊报章上，因而当代人们——尤其年岁大些的人，同它们还存在某种关联。尽管如此，旧词语毕竟是民族共同语所淘汰的或即将淘汰的成分。因而，历史地看，旧词语属于现代词汇范围，从现实和今后发展的角度来看，它们已经保持不住在现代词汇中的位置。一部当代的普通词典，如果重视对民族共同语的发展起因势利导的作用，那么可以少收旧词语；若从实用方面考虑，照顾读者的查检需要，旧词语却不应排斥或苛择。但是不论哪一种情形，明示旧词语的陈旧性质却是必要的。这方

63

面，有些词典重视不够。《汉语词典》表现得很突出，篇页中，旧词语收得多而极少有"旧"的标志。如"老"字下收的旧词语，只是"老吏"在释语中说明"旧称久于吏职者"，其余所收的"老鸨（子）""老板""老板娘""老奴""老江湖"等等，都没有任何"旧"的标志。这通过认识上影响于读者，是不利于汉语的健康发展的。

古词语同样是现代词汇当中的一类单位，所谓"古"，只是就来源而言。作为词汇学术语的"古词语"，概念上和指什么对象上，应该同一般所说的"古代的词语"区别开来。后者包括古代存在过的一切词语，而前者仅指其中只在现代书面语里沿用下来的部分。以现代汉语为例，其古词语同"古代的词语"的区别和关系，可以一些单位为代表，简示如下：

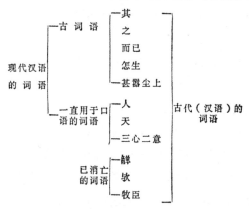

古代的词语凡不使用于现代的，就不属于现代语言词汇，现代语言的词典不必收取①。如果重于实用，要帮助读者阅读古籍或历史著作，可以辑录一些，不过，应给它们加上特殊的

① 不求反映现代词汇状态的或综合古今的词典，当然可以收取这些纯属古代的词语。

标志。古词语进入现代语言词典，却是原则上合理的，正如外来词和成为共同语词汇成员的方言词进入词典一样；不一定要有标识，如果要有，也应不同于纯属古代的词语。

古词语和纯属古代的词语，其间的区别界线，在现代语言词典中应鲜明地反映出来。这一点，一般是注意不够的。主要表现在给条目加的"古"的标志，或则杂乱，或则笼统，都不能准确、清楚地反映实际。例如《四角号码新词典》（1977年修订重排版），以释语开头"古代称……"或"古代指……"的说法，来表示一个词语单位古代时用，现代已经不用，如："〔庶人〕古代称老百姓。""庾（Yǔ ㄩˇ）古代指露天的谷仓。"但是同时，有的古代词语只释以"古代"的什么或"古代汉语"的什么，看不出这类词语是否已经消亡，如："鬲①（lì ㄌㄧˋ）古代的烹煮器，……""〔嘤嘤〕古代汉语拟声词：①鸟鸣声。②哭泣声。……""鬲"无疑是个死了的词，而"嘤嘤"就还能使用于现代书面语。《四角号码新词典》另外又有一个〈古〉的标志，表示许多死掉的古代词语和古义，但是它也用在某些并未消亡的甚至活于现代书面语的词语和词义上。这就弄得杂乱无章，难以看出事实的真相。又如《中日大辞典》，以"⊠"来标志"文语"①，象"老艾""老媪""老宿""老羸""老妪""老泪"等词目都标以⊠。这里，"老艾""老宿""老羸"是古代死了的词语，而"老媪""老妪""老泪"却是古词语，两类词语的界线完全被抹杀。尚不止此，《中日大辞典》对另一些古代的词语不标以⊠，而

---

①"文语"大概是指文言词。不论"文语"也好，"文言词"也好、都不能等同于古词语。古词语有一部分来自古白话作品而并非来自文言，不好说是文言词或文语，如"怎生""好生""兀自"之类。

标以朝代记号，如"老先⊡"，"老虎班⊡"等等，仿佛表示它们纯是历史上的东西，是消亡了的。这就很容易使读者从逻辑上误推出，凡加⊠号的词语现代都还活着。

标志上出问题，主要由于观念上不划分或分不清古词语和纯属古代的词语。区别这两者是可以做到的。区别的依据是，对当代书面文学语言的词语使用情况进行周密的调查统计。凡古代的词语不用于现代口语，而出现于当代书面语，而且出现的频率在最低限度以上，就可以看出是古词语，否则不能算。一些现代前些阶段的古词语，如已不被当代书面语采用，从语言的现实和发展来看，取消其古词语的资格比较合理。

在古词语和纯属古代的词语之间，可能存在过渡的情形。古代的词语中久不使用的部分，未必都死掉或注定消亡，其中有的可能在现代书面语中重新活跃起来。现代人需要发掘这类词语的价值。"我们还要学习古人语言中有生命的东西"①。新中国成立后，一些久不出现的古汉语词语在报章中重被使用，是屡见不鲜的。比如"乃尔""昭昭""昏昏""巧伪""弹冠相庆""韬晦之计""韦编三绝"等等，就是如此。相反，旧中国有不少流行着的古词语，近二三十年不再被使用而逐渐走向消亡，如"弱冠""莞尔""羁縻""顿首""矣夫""若夫""朝乾夕惕""望衡对宇"等等。可见，古词语同古代的词语中久未被使用的部分之间，经常存在着互相转移的可能，其中会有过渡性的中间现象。一个民族的历史文化越是悠久、发达和承传不断，它的现代语言词汇在糅合古代的词语成分上会越复杂。现代汉语正是这样的语言。但是即便有如

---

① 《毛泽东选集》，第794页。

66

此复杂的情况，把活的古词语同消亡了的或久未被人们使用的古代词语划分开来，仍是可能的；中间的现象，可结合其发展趋向，确定为基本上属于古词语或古代的词语。

（七）

从词汇的发展背景来看词汇的范围和确定词目，还有一个如何对待新词语的问题。

词汇新质要素的不断积累，与旧质要素逐渐消亡同是语言显著的变动现象。这新质要素，主要是新词语和词的新意义。词产生新意义，虽然并不牵涉词汇成员的增减，但是意味着词汇内容在量的方面有变化。新词语（如当代的"铁人""机器人""中子弹""四人帮""高速公路""四个现代化"等等）和词的新意义（如"疙瘩"的"思想问题"义，"半导体"的"使用电池的收音机"义等等），都是新的语言事实，入于词汇范围之内自然没有疑问。问题在于，必须正确地把新词语同生造的"词语"（如"郁绿""纯炽""横出竖现"之类）区别开来，把新的词义同临时的比喻引申意义（如"肥溜溜的日子"比喻为"富裕的日子"，"有根底儿"引申为"有充足的理由"之类）区别开来。生造是造得毫无必要，构造上生硬拼凑，表意不清楚，得不到社会的承认，词临时的比喻引申，也只是个别人一时的用法。新词语和新的词义，却开始在社会范围内传用开来，只要观察得敏锐细致，它们有了约定俗成的性质是不难发现的。

词典应当反映词汇中的新事实，及时把新词语、新词义加以辑录。这样，它才能具有时代性。当然，词典应有的稳定性，要求收取新词语和新词义时持慎重的态度，避免把那些似乎是新而实际上不过是昙花一现的东西收进词典里去。

词汇的范围，随着词汇发展中的吐故纳新，是不断变动着的。因此，确定词汇的范围，只能是相对的，即确定词汇在一定期间有个大体固定的或相对稳定的范围，它容许有不断变动着的部分界线。这样的范围确定下来后，当然不意味着一劳永逸。经过一定的时间，需要根据新的实际状况作相应的调整、改动。词典隔若干年月需修订一次或重新编纂，主要原因和目的之一，正是为了正确反映词汇范围的新情况。

（《语言研究论丛》，1980，天津人民出版社）

68

论词汇体系问题*

对具体语言词汇作体系分析的困难，是众所公认的。然而"词汇体系"这一术语已被广泛采用。迄今为止，尽管不少语言学家确认词汇体系的存在，却没有人揭示出一种具体语言词汇的体系面貌。词汇体系的概念一值是模糊不清的。词汇到底是不是一种体系，本文试图以现代汉语词汇为主要的观察对象，对这个问题作一些探索。

一

黄景欣同志在《中国语文》1961年3月号发表的《试论词汇学中的几个问题》一文中，谈到了概括出词汇体系构成规律的困难。在这段论说之后，他又说："但是尽管如此，仍然应该承认分析词汇体系的可能性和必要性。因为语言的体系性这一特征已为大家所公认，而这一特征必然也体现在语言的词汇这一构成要素上面。"（19页）①这种看法有一定的代表性。

体系内部的构成要素未必因为处于一个体系之内而本身也是一个体系；这当中并没有必然的逻辑关系。同样，语言体系的存在也不能保证词汇体系的存在。语言具有体系性，显然不

是在逻辑上必须以词汇具有体系性为前提。语言体系观念的确立，本是把语音体系和语法体系综合起来的结果。词汇是否构成体系，对于语言体系的存在实际上不起决定作用。只是词汇的全部构成单位在语法的支配下成为构造语句的现实材料，并且能够按语法特征来分类；而语音体系的存在既使词汇和语法中的各个单位具有一定声音形式的物质区别标志，又使语法得以支配词汇。因此，正是由于语法体系和语音体系的作用，词汇能够和语法、语音紧密联系起来而共同构成语言体系。这种事实，不能误认为就是词汇本身有体系性的根据。

黄景欣同志虽然指出分析词汇体系性的困难，却又描写出了词汇体系的一般结构。按照他的说法，"词汇体系是由许多相互对立，互相制约的单位，按一定的词汇-语法范畴逐层逐层地建立起来的"（19页）。最高一层互相对立的单位是名词、动词、形容词、副词、代词等"几个最大词类"；这些词类根据一定的词汇-语法意义标准，又可各分成几个更小的对立单位；"这样逐层地分析下去，直到不能再分析为几个对立单位的那些词，就是词汇体系的最下的一个词汇层"（19页）。看来，实词词类是这个体系结构的基本骨架。把实词词类列在词汇-语法范畴是否妥当，可以不论；但是所有的词类都是词的语法类别，词类的划分问题属于语法学研究范围，这是事实。把支配词汇的语法因素当作词汇本身体系结构的经纬，以为这就解决了确立词汇体系结构的问题，是很值得商榷的。

词汇按其本质来说，是语言建筑材料单位的总和。探讨词汇的体系性，理应考察语言建筑材料单位之间材料单位自身内容与形式的统一上的联系。离开组成词汇的单位作为语言建筑材料的本身性质，拿支配它们的语法特点来建立一种体系结构，

70

这样得出来的就只能是语法的词汇组织层次，而不是词汇本身的组织层次。当然，研究词汇应当适当地联系与之互相作用的语法（例如需要研究现代汉语名词不同于动词的构词特点），但是，这绝不意味着探寻词汇的体系可以拿语法分析来越俎代庖。

几个最大词类作为所谓最高词汇层的词汇单位，词类之间除了有词在词语组合上的结构关系之外，不可能还有别的什么关系。如现代汉语，"名词＋动词"是主谓关系，"动词＋名词"是支配关系，"名词＋'的'＋动词"是修饰关系。这种语法关系无论如何不能看作词汇本身的内部联系。然而黄景欣同志却一再申明，各最大词类的最高词汇层及其下的词汇层是按"词汇-语法意义"的标准建立的。这就等于说，词类及其下各层的小类都是在"词汇-语法意义"上的对立单位。显然这并不符合词类的实际情况。既然最大词类之间没有词汇性质的关联，以最大词类的对立为基本骨架的整个词汇层级结构，便很难成其为真正词汇本身的体系性的表现。

其实，单从逻辑上看，按词汇加语法的标准只是求得词汇层、词汇单位和词汇体系，这已是调和不了的矛盾。语言组成要素只能按单一的标准——自身组织特点来建立体系。语音体系是按音位的区别特征及音位组合的情况而建立起来的，语法体系是按语法成分间的对立关系和结合关系而建立的。同样，词汇如果存在着体系，它也只能建立在词汇本身的组织特点上。

"词汇-语法意义"标准还有一个破绽。构成词汇的单位除了词之外，还有词的各种固定组合体，这是大家承认的。黄景欣同志也特别指出，"它们在词汇体系中经常也象词一样，作为一个词汇单位出现，因此决不能排除在词汇之外"（18页）。

可是构成"词汇体系"的最高词汇层（即"几个最大词类"）并没有把这些词的各种固定组合体包括进去。其实，这也是办不到的。可见，想借词类的对立来解决词汇体系的建立问题，是有困难的。

<h2 style="text-align:center">二</h2>

黄景欣同志断定，"词汇也是一个由许许多多互相对立，互相制约的要素构成的完整体系"（18页），而"在每一个词汇层中，各个词汇单位，各个词都是互相联系，互相对立的"（20页）。证明这一论断，只是依据如下几点：一，把不同语言一定数量的词总合起来，不能构成词汇，因为它们相互没有对立制约关系；二，汉语每个人称代词在与其他人称代词的对立制约关系中获得了意义和功能；三，在不同语言的词汇中，很难找到意义和功能绝对相等的词；四，具体语言指称光谱各种颜色的词，其意义和功能为各词间的相互关系所决定。

不同语言一定数量的词不能凑合成词汇，并不能反证组成具体语言词汇的词相互间有对立制约关系。因为许多词能否组成为词汇，未必取决于它们是否相互对立制约。

现代汉语人称代词之间首先含有一些语法对立的成分。如"我"与"我们"、"你"与"你们"、"他"与"他们"，都表明单数与复数的对立。至于"我、你、他"之间及"我们、你们、他们"之间，可以认为存在词汇范围内的对立关系，因为把这些词的一定的人称意义看作词汇意义似乎比看作语法意义更合适，而第一、第二、第三人称的意义在这里确是互为条件而又互相排斥的。但是不论怎样，现代汉语人称代词的这类对立并不表明其他类的词都有同样的对立关系。例如"血、油、

72

锚、井、树、人、球、纸、笔"等许多名词，"踢、指、舀、射、蹲、翘、流、没、溅、病"等许多动词，都找不到与自己有这类对立的单位。

在两种语言中，意义和功能绝对相同的词是不多的。然而意义的不同，并不都说明相应的词在两种语言里各处于不同的制约关系之内。英语的uncle可以指父母的弟兄或父母的姐夫、妹夫，但并不等于汉语的"叔父"；uncle只与aunt（指父母的姐妹或父母的嫂嫂）相互对立，"叔父"却既与"伯父"相对立，又与"婶娘"相对立。这是意义的不同恰好与词所处关系的不同相关联。与此相反，英语的philosopher和apartment在意义上不等于汉语的"哲学家"和"房子"。因为philosopher可以指哲学家或贤士，apartment可以指房子或公寓；但是philosopher与"哲学家"、apartment与"房子"都并不因此而必然处在互不相同的词语制约环境里。可见，在两种语言里难于找到意义绝对相同的词这点，还不足以说明不同语言的词必然处于不同的制约联系之中。至于词的功能，既然从词汇的角度来看问题，它就不该指语法功能，而应当指词能与什么具体的词在联用中相搭配。可是语言全部词的搭配情况如何表明使词汇成为体系的对立制约，这是不清楚的。问题在于，词的功能能否不表现为词语自由组合的言语现象，言语的组合又可不可以看做语言词汇的内部联系，这都还有待研究解决。因此，词的功能与词的对立制约如何相关联的问题，根本还不明确。在这种情形之下，以"很难找到功能相同的词"来证明"词汇单位"都相互对立制约，显然是无力的。

格里逊（H．A．Gleason）把purple(紫)、blue(蓝)、green(绿)、yellow(黄)、orange(橙),red(红)这一组词看作

73

英语表明光谱各种颜色的一种内容结构和表达结构。这是在与Shona语和Bassa语的对比中显示出来的：这两种语言只分别以三个词和两个词来指称同样光谱的颜色。①黄景欣同志据此来说明，"每一个词在语言中的意义和功能只有在和所有其他词汇单位构成的体系中才能确定下来"（20页）。格里逊关于purple、blue等词的说法可能有道理。但是不能由此推论，词汇的构成单位（即一般所说的词汇单位）全都处在这类内容结构和表达结构里。

在两种语言体系中，确实可以看到那样的词汇单位组，它们各单位所体现的概念（即其理知意义）都是同一客观对象不同组成部分的各别反映，但是在含有多少单位来分割这一客观对象上，以及在各单位所示概念的外延上，却各不相同。例如北京方言拿"公鸡、母鸡、小鸡"三个名称来区别性别、大小不同的鸡，广州方言却有六个名称把这同样的对象在类似方面区别开来："鸡公"指雄性而长大的鸡，"鸡公仔"指雄性、未长大而只会短短啼一两声的鸡，"鸡乸"指雌性、已成熟并且下蛋的鸡，"鸡项"指雌性接近成熟而未下蛋的鸡，"骟鸡"指已去势而仿佛是中性的鸡，"鸡仔"指啁啾而鸣的鸡。这里，"公鸡"和"鸡公"、"母鸡"和"鸡乸"、"小鸡"和"鸡仔"，由于各自处在"分割对象"的不同系列里，体现着外延不同的概念，在意义上是不相等的。很清楚，在鸡名称的两个系列里，每个词汇单位在意义范围上都受其余单位的制约，彼此互为条件而又相互排斥。这样的系列当然应该确定为对立联系的组织结构，可称之为"分割对象组"。象"我、你、他"，

----

① 参看H.A.Gleason：*An introduction to descriptive linguistics*，3—5页，1961年版。

74

"小学生、中学生、大学生、研究生"，"教授、副教授、讲师、助教"，"高中"与"初中"、"高小"与"初小"、"乔木"与"灌木"、"草本"与"木本"等等，就都各是个"分割对象组"。英语划分光谱的一组词之间，正是存在着这类组织结构的对立制约关系。具体语言或方言的词汇中存在哪些分割对象组，是应当研究的问题。但是不能指望这种研究本身能建立起词汇体系，因为不是所有词汇单位都落入分割对象组中。上面提过，"血、油、锚、井、踢、指、舀、射"等许多名词动词就没有在意义上和自己互为条件的对立单位。不少的形容词也如此，如"沉闷、渺茫、矫健、婀娜、飘逸、孤僻、晶莹"等。词的固定组合体(如成语)更是很少处在分割对象组中。这些词汇单位，其意义不是由分割对象而反映其一部分所得出的，因此尽管这样的单位也可与其他词汇单位在所体现的概念上统属于一个上位概念，但是不可能认为彼此就因之而互为条件地对立制约。如"血"与"水、油"所指的对象可以概括为液体，"孤僻"与"和婉、暴躁"也可以统属于性情的概念，但是"血"的意义很难说成与"水、油"有关，"孤僻"的意义自然也不可能与"和婉、暴躁"的意义相互制约。黄景欣同志似乎没有看出这类名称的统集与分割对象组的重大差别，以致拿表示光谱颜色的一组词来推断所有词汇单位都处于对立联系的结构。自然，这样的推断是站不住脚的。

以上的分析表明，认为词汇所有构成单位都处于相互对立制约中的看法并没有可靠的根据。依凭这种对立制约而作出的词汇是一种体系的论断，自然很难是正确可信的。

黄景欣同志援引马克思主义关于客观世界一切事物都相互矛盾和联系的原理，也并不解决问题。马克思主义这一原理是

75

指一般事物整体而言，而不是指体系。体系固然也有内部的矛盾联系，问题在于它们在性质特点上，是否就与非体系中的内部矛盾联系完全一样。黄景欣同志断定事物整体就是体系，因此"作为一种客观事物，语言的词汇不可能不是一个由许多相互联系、相互矛盾制约的要素构成的完整体系"（21页）。马克思主义并没有把事物整体与体系看成二而一的东西。体系之成为体系，必有其组织上的特征。一块石头、一粒冰雹、一幅图画，都是一个事物整体，但是未必有谁会把它们看作体系。层层相属的各级政府机关或由排、连、营等逐级而上的军队编制，构成一种体系则不致有谁会怀疑。很明显，成体系的事物是以其内部构成单位之间规律性的联系——对应关系而区别于非体系的一般事物的。因为词汇是客观事物而就断定它是体系，这等于认为，词汇之成体系无需通过对词汇本身的具体分析来确定。

三

在一般的词汇学著作中，对于词汇的描写，大多与强调对立联系相反而处于另一极端：不分析词汇的结构组织，只停留在把词汇分为各种类集，如基本词汇与一般词汇，积极词汇与消极词汇，表情词汇，各种风格的词汇，外来词，方言词，职业使用词，术语，古语词，新语词，等等。这种分类不是探索词汇体系性的途径，划分出上列词汇类集与词汇体系的确立并无关联。

基本词汇作为词汇中最稳固的核心部分，其界限和特征还需要作深入的研究才能很好地确定。因此还很难谈基本词汇与一般词汇的具体对应关系。基本词汇只是从总的情况来看是构

76

造新词的基础；不见得基本词汇所有的单位都被用来派生新词，而一般词汇也并非所有单位都建筑在基本词汇的基础上。例如"很、忽然、聪明、言语、天下、先生、大夫、夫妻、乌鸦"等词作为现代汉语基本词汇的组成员，是没有什么疑问的，但是它们并不派生出其他的词。在一般词汇中，象"尼龙、沙发、吉他、咖啡、苏维埃"等音译词和"熊熊、娓娓、龙钟、蜈蚣、蜿蜒"等联绵词，都显然没有以汉语的哪一个词为构造基础。可见，在基本词汇与一般词汇之间，存在着的是它们在历史长短上和使用是否普遍上的差别，而不是语言结构的对应。基本词汇与一般词汇的组成单位都是由历史和使用上的共同点而被聚集起来的，它们相互间自然不是必得存在规律性的联系。

积极词汇与消极词汇的划分，更与词汇的结构组织无关：人们在具体语言词汇的使用中，总是对某些单位较熟悉而对另一些单位较陌生，因此不同职业、不同修养的人便有不同的积极词汇与消极词汇。所谓表情词汇，是词汇中含有感情色彩的单位的总和，它与词汇中非表情的部分不可能有规律性的关联。如"讨厌、卑鄙、干巴巴、吝啬、挑剔、吹嘘、敬爱、崇仰"是表情的词，"排除、高尚、简单、节约、批评、尊重、信奉"是非表情的词，这两类词只是在理知意义上可以有个别单位两相接近(如"挑剔"与"批评"、"吹嘘"与"称赞")①，在感情色彩的有无上并不取决于彼此的对照。因此显然不能说这两类词之间存在词汇组织上的对应。表情词汇可依不同的感情色彩而分成一些小类，如"老头儿、大姐、老弟、亲人、祖国"等等是表示亲切感情的一类，"讨厌、卑鄙、虚伪、丑恶、

---

① 近义关系没有一定的标准和范围，而理知意义的相近又并不是彼此的对应，因此本文不谈近义词的问题。

逢迎"等等是表示厌恶感情的一类，"崇仰、敬爱、钦佩、赞美、尊崇"等则属于有钦敬感情的一类，等等。这些表情小类之间没有必然的对应关联，也是很清楚的。至于理知意义相同而感情色彩互异的词，如"老头子"与"老大爷"之类，彼此的对照关联已属于同义词的范围。

具体语言词汇可以从风格功能的角度划分为若干部分，如所谓古雅的词汇、事务的词汇、俗谈的词汇、粗鲁的词汇、中立风格的词汇等。词汇的风格划分受言语风格的支配，而不是以语言构造关系的原则为根据。因此这样划分出来的各部分之间不可能有语言建筑材料本身的组织关联。如"视、鞭笞、裨益、萧瑟、泰然"是现代汉语中有古雅色彩的词，"撂、拉倒、装蒜、带劲儿、蹩扭、脑瓜子、蠢货"是有俗谈色彩的词，这两种词相互间没有意义和形式的关联是很明显的。一个词汇单位的风格色彩决定于运用它的言语风格，而不是依赖于其他风格色彩的词汇单位。至于体现同一概念而风格色彩不同的词，如"欣喜"与"乐"、"颤抖"与"抖"之类，诚然彼此互相对照牵联，然而这也是同义词的问题。

外来词、方言词、职业使用词、专名词、术语、古语词和新语词等，是根据词的来源、历史、使用范围或所示概念的性质（是否科学概念、单独概念）而确定的，它们各自形成的类集与词汇其余部分显然没有词汇结构上的关联。每个这种类集的各组成单位之间，自然也不可能在意义和形式上有必然的对应。

四

体系既然以内部构成单位间的对应关系为必要特征，要探明词汇究竟成不成一种体系，就需要弄清词汇内部所有组成单位是否都处于相互对应的结构联系中。

探讨这样的问题，得首先明确词的等价物包括些什么，因为词汇单位指的就是词和词的等价物。由于语言中大于词而同样有完整定型性和复呈性的单位才具备与词相同的造句功能，因此只有成语和词的一般固定组合体能够成为词的等价物。词的一般固定组合体不指谚语、俗语、歇后语、名言和流行的格言等熟语单位，因为这些熟语单位在使用中不很固定并只具引用性而无复呈性。词的一般固定组合体是那样一种熟语单位：它一如成语，是语言词汇的组成员，在结构上同样有严格的固定性，在使用上也有复呈性，但是它的意义没有成语那种非字面的、间接引出的性质。象"百货公司、师范学院、握手言欢、损人利己、贪生怕死、众叛亲离"等等，便属于这类词汇单位。成语和词的一般固定组合体，无妨就以固定词组这一术语来统指它们。

词以及固定词组，作为词汇单位，相互间的对应关系理应体现在紧密统一起来的意义与形式这两方面上。单纯声音形式的而没有同时也在意义上的对应，并不构成词汇单位间的结构关联。例如在"搬"〔pan⁵⁵〕与"攀"〔p'an⁵⁵〕上存在着〔p〕、〔p'〕两个音位之间以及〔pan⁵⁵〕、〔p'an⁵⁵〕两个音节之间的对应，但这只是语音单位间的 而 不 是 词汇单位间的关联，因为"搬"与"攀"在意义上互不相干。与此类似，成对或成组的同音词由于意义上并无关联①，彼此也无 词汇单位间的对应。

---

① 由多义词分化出来的同音词（ 如服从义、信服义的"服"与吞食义的"服"），其意义只是在历史上曾有过联系，而不能认为这种联系还现实地存在，否则，它们就不是各自独立的同音词而还是合成一个多义词。同音的复合词，有少数由于含有共同的词汇成分而不能认为彼此没有任何意义关联，如"世故"与"事故"，"期中"与"期终"之类，不过这已是词族中的问题。

79

单凭声音形式的特点，可以分出单音词、双音词和多音词，然而这些类集彼此之间以及其本身的组成单位之间，显然都不存在必然的结构链条，这是欠缺意义关联的缘故。同样，仅据构造形式的特点而分出的单词、派生词和复合词，相互之间以及各类所包括的各个词之间也不存在必然的对应，因为这些类集也是不管词的具体意义而建立起来的。由于词汇单位的本质为意义所决定，因而不同词汇单位之间若有意义的对应，它们便存在结构关系。在这种情形下，词汇单位的形式作为物质外壳和区别的标志，自然也随着成为词汇单位结构关系的构成因素。

在词与词的意义关联中，同义关系和反义关系很早就被研究，然而研究者通常没有从结构关联的角度来研究它们。

有着同义关系的一组词汇单位是一个小的组织结构。"同义"并非意义完全相等，而是意义的理知部分相同或基本相同，表达色彩则往往有别。如"顺遂、顺利、顺当、一帆风顺"有同义关系，就是因为各单位的意义都体现同一的概念而又稍有差异：主要是"顺遂"有书面语色彩；"一帆风顺"有形象色彩；"顺当"有口语色彩；"顺利"既没有形象色彩，语体上也是中立的。可知同义的词汇单位，因意义上的同中有异而彼此牵联对照，由之而形成有内部对应关系的组织结构。从上例又可看出，固定词组能与词一样地加入同义关系。由于固定词组与词等价，具体语言又并非所有的词都成为固定词组的构造成分，而固定词组中还能有已死亡的词（如"惩前毖后"的"毖"、"居心叵测"的"叵"），因而固定词组与词处于同一结构平面，在词与词之间、成语和词之间，以及固定词组相互之间（如"集腋成裘"与"积少成多"），是完全可以一样

80

存在同义关系的。①

　　反义关系通常存在于成对的反义词上，如"美"与"丑"、"爱"与"恨"之类。这是一种对应关联。由于美和丑的性质反映在思维中构成概念的反对关系，因而分别表示这两个概念的词"美"与"丑"，彼此在整个意义（包括理知意义和感情色彩）上成为相反的方面而两相映衬。可以看出，反义关系必以概念的反对关系为基础。但是反义关系已不属于逻辑范畴，而是语言词汇单位间的语义关系。这不仅因为它可以包括表达色彩的对照，更重要的是不同语言对于概念的同一个反对关系的体现往往会不相同（如"长、幼"的相反关系，英语只体现在old和young这对反义词上，汉语却体现在"长"和"幼"及"大"和"小"上）。因此，反义关系具有民族特点和具体语言的组织特点。另一方面，同一语言的两个词汇单位，不论是词或固定词组，只要它们的意义相互间体现了概念的相反关系，就有资格成为反义的组织结构。象"生气勃勃"与"死气沉沉"、"多快好省"与"少慢差费"、"小题大作"与"大题小作"之类，在体现反义关系上与一对反义词无别。

　　同义关系和反义关系在词汇范围内虽不局限于词与词之间，却都只能落在部分的词汇单位上。因为具体语言总会有许多词汇单位，如绝大多数的术语、名词、数词、固定词组以及部分的动词，不能在其他单位上找到同一的或相反的理知意义。比方现代汉语就有许多处于同义及反义关系之外的词汇单位，如"踢、指、蹲、射、绿化、锚、井、纸、风、水、阶级、圆周、半径、原子能、控制论、二、五、百、纲举目张、锦上添

---

　　① 词的一般固定组合体不可能与词构成同义关系，因前者总表现出复杂的意义组合。

花"等等。

一个词在与某些词的组合中表现出其某一意义变体①的情形，在词与词发生意义的对应关联上似乎比同义、反义现象更明显。如"白色"在与"政权"或"恐怖"搭配时（如"白色的政权""白色恐怖"）只能是反革命的意思，而不是指一种颜色；"理"在与"发"或"头发"的搭配中（如"理发""头发该理了"），表示的是剪理而不是治理、整理、理睬；"耍"在"耍手段"中指的是玩弄，在"耍把戏"中指变弄，在"耍枪、耍刀、耍剑"中则指的是舞弄。这里，某个词在与某些词语搭配下必表现出其某一特定的意义。这类搭配中相互制约联系的词，无疑构成一个组织结构。如果每个词汇单位都处在这种组织结构中，词汇体系的存在便不成问题。然而事实并非如此。单以词而论，大多数单义词的意义就不依赖于任何上下文而独立存在。如"多、正直、容易、问、坐、伞、纸、山、千、儿、都、很"等等便是如此。无论哪一词汇单位，只要它所指称的对象能够从数量的多少来说明，形容词"多"都可以带着固有的意义而与此单位搭配；"多"的意义绝不为与其搭配的个别词汇单位所制约。"正直、容易、问、坐"等等，情形莫不类同。

词汇单位间的对应，似乎可以更广泛地存在于各个词族之中。例如现代汉语"口、口腔、口头、口语、口试、口水、口齿、口吻、口舌、口琴、口哨、口岸、口令、口角、口径、口诀、出口、进口、裂口、入口、港口、门口"等组成一个词族，它能否看作有内部对应联系的组织结构？回答应当是肯定的。词

---

①这里指的是语言中的客观意义。本文没有必要涉及超语言的主观意义。

82

族内的各个词之间虽然大多没有意义上的直接关联，但是由于词根性质的词汇成分完全相同（如上例的"口"），彼此在基本意义和声音形式上有着共同点而在意义上为共同的要素所制约，因而可以认为它们相互存在着对应。词族诚然把许多的词都统集起来，但仍不能网罗所有的词。象音译词、象声词和感叹词便是一般处于词族之外的。例如"加仑、吉他、麦克风、辘辘、砰、嘎、哦、啊"等等，显然与词族无关。许多联绵词，如"熊熊、娓娓、尴尬、蜻蜓、螳螂、婆娑"等等，都不处在词族之内；好些动植物名称，象"蚯蚓、蜈蚣、蝙蝠、麋、枸杞、莴苣、蕨"等等，都不与其他的词构成词族。汉语处于词族之外的词汇单位是不少的。

接近于词族的内部联系，充作固定词组组成成分的词与该固定词组之间，也有制约性的对应。如"人民"与"人民公社"，后者在意义和形式上显然受着前者的制约。由于具体语言总会存在许多不构造固定词组的词（如绝大多数的音译词、象声词、感叹词、职业使用词和专名词），因而这类制约也不能套在所有词汇单位上。

上述各种对应关系（包括分割对象组中的对立制约）所分别决定的几类组织结构，彼此间是明显地没有必然的联系的。①而它们固然都不能把具体语言所有词汇单位通通组织起来，在词汇中并且还一般存在于所有这些组织结构之外的词。以汉语为例，不加入上述各种组织结构的词，最少有这样几类：一，大部分音译词；二，一部分联绵词；三，多数的象声词和感叹

①只是可以有某些同义的词汇单位组与反义的词汇单位组发生交错关联。如"干净""清洁""洁净"这组同义词中任何一词可与另一组同义词"脏""肮脏""污秽"的任何一词建立起反义关系。这种情形并没有普遍性。如"充满"与"充斥"、"行为"与"行径"这样的同义词，就与反义关系没有瓜葛。

83

91

词；四，一些非音译也非双声叠韵的单词素名词。

可见，凭着上述几种对应关系，还不能建立起词汇体系。要解决词汇是否成体系的问题，必须探索词汇还可能有什么别的内部对应联系。

五

建立词汇体系的问题是与词汇的语义体系问题紧相关联的。如果建立起表明所有词汇单位间的意义对应关系的语义体系，那就相应地存在词汇体系。

不同的语言，意义如何组合在词汇单位里，往往不相同。如下图：

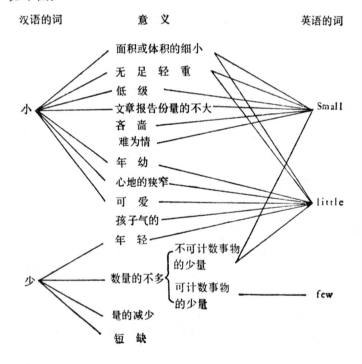

84

这种情况表明了每种语言总有其独特的语义分布方式。若干意义组合在某一词内，往往能使该词与其他词汇单位发生特定的意义对应。如little由于含有几个也在small中出现的理知意义而与small发生同义关系（little的这几个意义带有可怜或可爱的感情色彩），little与few也因在体现少量的概念上相互补充分配而彼此对立制约。"小"与"少"没有共同的意义而不存在类似的对应；但是"小"因有年幼意义，与"幼"发生同义关联，有低级意义，又与"高"相对应，而这样的情形是small所不可能有的。具体语言独特的语义分布方式，事实上规定了该语言词汇单位的意义相互直接对应关联的面貌。然而这些关联越不出同义反义关系、分割对象的对立及固定搭配关联的范围①。而这以外的词汇单位还不少。因此，语义的分布方式并不能构成表明词汇体系性的语义体系。

上面分析过的词汇单位间的各种意义对应，它们的每一种以及它们的综合既然都网罗不了全部词汇单位，它们所形成的语义结构自然也不可能产生词汇体系。

德·索绪尔断言"任何一个词的价值，都决定于它周围的环境"，而"如果不首先考察它的环境，甚至连这个词的价值也不可能确定"②。这里的"价值"指的是符号的"所指"，即词的整个词义，它的存在要决定于其他的词。这种说法自然意味着任何语言都存在一种词义的"价值系统"，它表明所有词之间的相互制约关系。现代有的词义研究者也认为词的每一个

---

①词族内各词之间的意义关联，是由相同词根所制约的间接意义对应，因此它受构词方面的支配而不决定于语义分布方式。同样，固定词组与其内个别词的意义联系也不由语义分布方式来规定。

②德·索绪尔《普通语言学教程》，英译本116页，1960年伦敦版。

意义"需要通过'词：词'的关系表现出来"，它"和其他的词义具有相互制约、相互依存的关系"①，它"必得受语言中的语义结构和语义系统的制约"②，这和德·索绪尔的词的价值说基本上是一致的。词的价值说虽含有一些合理成分，但根本点并不正确。首先，德·索绪尔所说的价值是消极地确定的，一个词的所指决定于它不是什么其他的所指。这违反事实。譬如"抽屉"一词的词义（所指），很难设想它决定于不是其他什么词的词义，那样的词也无法指出来。"抽屉"的词义分明是因意识反映抽屉这类器物，并以〔ts'ou⁵⁵·t'i〕的声音来巩固反映而得出的。"母鸡"的所指是什么，并不就决定于不是"公鸡""小鸡"的所指，因为不是公鸡、小鸡，不见得就是母鸡，而可以是鹅、鸭等任何一种东西。只是"公鸡""小鸡"两词的存在，使"母鸡"的词义被制约在一定范围之内。片面夸大这点，把词义看作纯消极差别关系的产物，而完全无视其反映一定对象的实质方面，是纯关系论的错误。其次，即使容许把词义的相互制约看作是相互决定，德·索绪尔断言任何词的价值都决定于其周围的环境的看法，也是不符合事实的。实际上，不同词汇单位在意义上互为条件的制约，只存在于分割对象组、同义的词汇单位组以及词的固定搭配组合之中。在这三类组织之外的词（如"血、锚、井、矫健、沉闷、冉冉、射、蹲"等等），就都没有制约其词义范围的"周围的环境"。它们的"价值"都只是根据词指称何种对象而"直接规定"的。正由于此，在不同的语言里不仅能够存在彼此"价值"相同的

---

①薄鸣《词义和概念》，见《北京大学学报》（人文科学）1963年第 2 期，70页。

②高名凯《语言论》，202页，1963年，科学出版社。

86

许多术语词和专名词（如objectivity与"客观性"，physiology与"生理学"，London与"伦敦"，Canton与"广州"，等等），而且也可以找到词义相互一致的一些普通的词（如cepa与"洋葱"，chaudfroid与"肉冻"，fennel与"茴香"，censer与"香炉"，等等）。可见，词的价值说有很大的片面性，所谓词的价值系统并不能成立。现代研究者提出的任何词的意义都受其他词义制约的说法，自然也缺乏根据。所谓制约着每一个词义的语义系统，即由词义相互依存所构成的词义体系，就并不存在。

由于词汇中绝大部分的构成单位都体现概念并指称一定的事物现象，有的人便从逻辑概念和事物对象出发来研究语义组织结构。这类研究得出词汇的所谓义族。比方，从文娱活动的概念出发，"歌唱、表演、朗诵、郊游、联欢"等就可聚合为一个义族的组织。这里，各个组成单位之间显然没有语义上的相互制约、对立或对照，只是各单位的语义所联系的概念因共属一上位概念而彼此有逻辑上的并列关系而已。有的学者不仅肯定这类逻辑概念的义族①，而且提出一种根据某个"题目"而构成的义族②。"题目"不外是某种事物现象或概念，以之为中心而形成的义族可以拥有许多的组成单位。这些单位围绕着中心的题目，在对象-概念相关联的基础上聚合起来。例如现代汉语以"教师"为题目的义族，可以包括如下单位："教师、教员、教授、讲师、助教、老师、先生、导师、教育、培养、循循善诱、诲人不倦、教学、备课、讲解、上课、下课、

---

①这类义族就是所谓"语义范围"（Bedeutung-forschung）。

②И.В.Арнольд：ЛЕКСЕКОЛОГИЯ СОВРЕМЕННОГО АНГЛИЙСКОГО ЯЗЫКА，88—90页，1959，莫斯科版。

教案、教材"等等。不难看出，题目的义族取决于客观对象在现实中与其他事物现象的联系，而不是由词汇本身的内部联系来决定。只是由于人们反映事物现象的客观联系，"教师、教员、教授"等词才与"培养、备课、讲解"等词在观念上联系起来；然而从语义上看，并没有必然的对应关联。

一个组织结构应当有在性质和数目上完全确定的构成单位；决定于逻辑概念关系或对象-概念关系的义族，其组成标准却有很大的主观任意性。比方"歌唱、表演、朗诵、郊游、联欢"等，既可统属于文娱活动的概念，也适应于活跃的概念；而在后一概念下，这个义族组织便要增加"运动、演讲、旅行"等单位。随着研究者所定概念标准的种类和数目的不同，同一语言词汇显然可以得出概念的义族种种不同的划分。题目的义族，情形也一样。研究者提出多少个题目，便可以有多少个题目的义族。而题目数几乎是无限的。此外，一个题目的义族，其范围也没有一定的界限。例如很难说"学生、学员、讲台、启发、辅导"等应否列入以"教师"为题目的义族里。

很清楚，概念的和题目的义族，其实都只分别体现出概念的并列关系和某种观念联系，本身不成其为真正的语义组织。有的人，除了概念的并列关系之外，还以种种的概念关系来分析语义，从而得出语义上的交叉义素（如"音乐"与"歌儿"）、从属义素（如"螳螂"与"昆虫"）、矛盾义素（如"我"与"非我"）等等。① 这其实也只是概念关系的而不是语义关系的类集。语义和概念虽则关系密切，却不能互相代替或混淆。既然语义是语言组成单位的内容，这便只有当词汇单位相互间在

---

①高名凯《语言论》，216页。

88

内容方面有着对立、对照或制约的对应，才可以认为其中存在语义间的结构关联。概念的交叉、从属和矛盾等关系，一如概念的并列关系，并没有民族特点，在不同的语言里都可有其同样的体现，它们显然不是具体语言的语义对应。如同样一种概念交叉关系存在于"音乐"和"歌儿"之间、music与song之间、музыка与песня之间，而这里每一对词都是没有必然的语义关联的。"螳螂"所示的概念处于"昆虫"所示概念的下位，由此也得不出两个词的意义对应："螳螂"在语义上并不从属于"昆虫"。如果凡是体现了概念从属关系的词汇单位都构成语义关系的类集，那末，一切词汇单位都可以纳入层层相属的体系，其最高一层的单位就是体现事物、现象概念的。得出这样的体系自然很容易，然而这是概念的体系。若定之为语义体系，就等于在语义与概念之间及语言与思惟之间划上等号，那显然是不妥当的。体现概念矛盾关系的两个词汇单位，乍一看似有对应，其实不然。概念之间还有同一关系和反对关系，它们诚然可以分别成为同义关系和反义关系的基础(见上文)，但这不能表明概念关系等同于语义关系，是很清楚的。

可见，离开语言本身而以逻辑概念的分析来代替语义分析，无助于了解真正的语义组织结构。

根据以上所述，迄今所了解的语义结构关系还不能表明词汇体系的存在。如果把词汇单位在使用中的搭配联系也看作语义上的某种对应，那末，词汇单位的功能方面也许能使语义结构关系成为词汇体系性的表现。在两种语言里，大部分词汇单位的功能是各不相同的，这与意义的不同相关联(如"少"能与任何指称可数事物的词搭配，little却不能)；也可能有少数词汇单位(如一些术语)在功能上一致，但这不妨碍两种语言能够各有不同的词汇功能结构，因为此类相同的成分可视作不同组织中的因素。这样看来，词汇单位的功能方面似乎是解决词汇体系问题的一条出路。但是这方面至少有如下几个难以解决的问题。一，词汇单位间发生意义组合的搭配，是否只以处于固定格式或意义的制约联系中的为限？如果以此为限，那末，很多不处于固定格式中的词和几乎全部固定词组，可以自由地与许许多多的词汇单位联用而不在意义上受其制约，它们是否在词汇功能结构之外？如果把搭配范围扩大到出现于任何话语中的组合，那末，建立在言语之上的语言功能能否成立？二，在言语可作为功能范围的情况下，每个词汇单位都可以是组成一个功能组织结构的出发点。这样，任何词汇都势必得出成千上万个相互纠结的组织单位。一个体系能否设想为此种状态？人们又如何能描写它和掌握它？三，表示语法关系的虚词，一般仍把它们列为词汇的组成员。如果这种看法不错，那末虚词的功能是否已经属于语法的问题？若把虚词完全看作语法成分而排除在词汇之外，在理论上也说得通，但会遇到实际的困难，在语言中存在许多半虚半实的词（如"很、极、都、就、也、不"等副词，"可以、能够、必须、想、该"等副动词，"这、那"等指示代词，"趟、回、条、块"等量词），也有不少很难认为完全不含词汇意义的虚词（如"把、挨、给、向、对、为"等介词，"连同、宁可、纵然、只要、不论、不管"等连词），这些词该如何确定属于或不属于词汇？

不解决甚至不提出上列问题而企图借词的功能方面去建立所谓"词汇-语义体系"，是不可能有成效的。

在结构主义方法影响下，有的学者从词的搭配形式方面来描写词汇，建立所谓结构词汇学。这种描写离开了词汇组织关

90

系本身而纯从词的语法功能来看待词与词的搭配，完全运用语法的范畴和方法来分析词的语法功能形式①。按照这种分析，同一词类的词在分布法和转换法的检验下，依其能与何种语法类别、何种语法变形的词相搭配及搭配方式的同异，可以逐层地分类，分到最后语法功能完全相同的词便组成最低一层的类别。这样，以分布的和结构转换的公式作为各层不同类别的标记，词汇即可由一些逐层孳生的公式表明其树枝状 的 层 级 结构。很明显，这种结构没有以词在词汇方面的功能为建立的基础，显示不出词与词在词汇组织上的对应关联；它表明的只是词的语法结构关系和词的语法功能类别的层次。运用分布法和转换法来研究词的语法功能，是可以的；问题在于由此得出的结构层次，不能认为属于真正词汇本身的组织。各类词在语法上的搭配不同于词与词纯在意义组合上的搭配，对前者的研究不能顶替对后者的研究。只有后一类搭配才可能与词汇本身的结构有关。

为建立一个体系，弄清其结构的层次是必要的。但是不能从语法方面来建立词汇本身组织的层次。如果词和固定词组成为词汇最低一层的单位，那末，由于总有一部分词不落在任何一种词汇单位组之内，而各种性质的词汇单位组相互又无必然的关联，就无法在词汇中建立起高于词汇单位层的层次。一个体系也可能只有一个结构层次，但是在语言的所有词汇单位相互之间，并不能找到一种同样性质的对应关系。

①见Ю. Д. Апресян：К ВОПРОСУ О СТРУКТУРНОЙ ЛЕКСИКОЛОГИИ，载ВОПРОСЫ ЯЗЫКОЗНАНИЯ，1962，5 。

六

目前所能看出的词汇内部的组织关联，事实上只表现在上面分析过的几种词汇单位组上，而它们并不能表明词汇的体系性。因此，不可以认为词汇是一个体系。为了弄清词汇能否构成体系，进行理论上的研究和方法上的探索是很有必要的；但是在这种研究、探索还未能使问题得到肯定的解决以前，断言有词汇体系的存在，就缺乏科学根据。

词汇虽然还不能说是体系，但是，它本身并不是一个杂乱堆。具体语言每个词汇单位都各有其不同的特点和作用而在词汇中占有一席地位；它们又因受同一语法体系的支配并在声音形式的构造上属于同一语音体系而聚联起来。因此由它们汇集成的词汇是一个整体，是一个含有种种小组织的整体，只不过还不足以成为体系。

词汇体系未能确定，并不妨碍词汇的描写研究或历史研究。问题在于，研究者应当明确地以词汇单位间可能有的结构关联，来作为分析词汇种种现象的重要依据。

固定语及其类别

（一）

词汇中比词大的语言建筑 材 料 单 位，称法有"熟语"、"固定词组"或"成语"等多种，很不一致。本文采取"固定语"的说法。称谓的不一致，不只是术语不统一的问题，而且反映了认识上的差别或观点上的分歧，也说明了词汇学对于这类词汇成员的研究还比较薄弱。

语言实践不但要求语言学深入地研究词，而且也迫切需要开展固定语的研究，以加强词汇学这一薄弱环节；因为固定语在人们写作和说话上往往有很强的表达作用，随着人民群众文化水平的不断提高，这种作用更日益显出其重要性。

词典是比较能反映关于使用固定语的知识需要的。一般的词典，尤其是本族语言的详解词典，总是有选择地收取固定语作为词目。但是，由于语言学对于这类语言单位没有 弄 得 很 清楚，词典在固定语词目方面就存在着一些问题。比如，有的普通词典把某些谚语收为词目。这当中，要算《词典精华》（翟健雄，1947，世界出版社）较 为 突 出。它 大量收取谚语，如"一"字下带出的谚语就有"一寸光阴不可轻"，"一年之计在于春"等九条之多。《中日大辞典》（爱知大学中日大辞典编纂处，1971年再版）把收取谚语明定为体例，在谚语词目后设一标记 谚 。谚语是否能看作词汇的一种成员——语言的一种

93

建筑材料单位，那是有问题的。又比如，一些成语词典把某些非成语的单位，如谚语、名言等，同成语一起列为词目，有的在序说或前言中说明了这点，有的就并无说明。《汉语成语小辞典》（第三次修订本，1972，商务印书馆）把谚语"一年之计在于春""一失足成千古恨""一着不慎，满盘皆输""不经一事，不长一智""世上无难事，只怕有心人"等等，列为一般成语条目。这部成语词典又似乎不区别成语和名言，如"人而无信，不知其可""心有灵犀一点通""海内存知己，天涯若比邻""不入虎穴，焉得虎子""少壮不努力，老大徒悲伤"等，都是出自古人作品的所谓名言，却作为一般成语来对待。《汉语成语词典》（甘肃师范大学中文系，1978，上海教育出版社）存在同样的情形，在成语条目中既掺有"三个臭皮匠，合成一个诸葛亮""人怕出名猪怕壮""众人拾柴火焰高"等等谚语，也混杂着更多的名言，如"是可忍，孰不可忍""心之官则思""工欲善其事，必先利其器""沉舟侧畔千帆过，病树前头万木春"等等。《汉蒙成语小词典》试行本（宝力高，1973，内蒙古人民出版社）在前言中声明："在选词方面，以……常用的汉语成语为主，同时也适当地选入了一般常用的'熟语'和类似成语的固定格式。"这些"熟语"和"类似成语的固定格式"，实际上主要就是谚语和名言，共收近百条，在处理上并没有任何不同于成语条目之处。无疑，一般读者是不能把它们区分出来的。《简明英汉成语辞典》（南京大学外文系英语教研室，1965，商务印书馆）从另一个方面大大扩展了成语的范围，把大量的所谓"短语动词"（动词加介词或副词）和"介词短语"，如"battle for""bank up""based on""be awake to""at work""at presnt"

94

"on the whole" "on the part of" 之类，作为成语条目而收进了词典。

可以看出，词典条目中大于词的单位，性质上显得杂乱而不统一。这不但造成词典编纂体例上的混乱，而且可能会给人们理解和运用固定语带来消极的影响；另外，会给词汇学的研究，特别是关于词汇范围、词汇规范化等方面的研究，增加人为的障碍。因此，从理论上弄清，大于词的语言建筑材料单位究竟是哪一些，可以分出哪些类别，它们的共同性质和各自的特点是什么，它们是否包含成语、谚语、名言等等，那是十分必要的。换言之，关于固定语的这种廓清概念和范围、明确性质和类别的基本研究，目前不仅对于词语运用和一般语文教育，而且对于改进词典选收词语的工作和推进词汇学的发展，都具有现实意义。

（二）

要明确固定语的性质及其所包括的种类，须先划清固定语和其他相近单位的界线。这要从弄清同它密切相关的熟语概念入手。

"熟语"是个相当含混的语言学术语。究竟这个词指的是什么单位？还没有确定的、完全一致的认识。不过，似乎至少有三点为大多数人所承认：第一，这种单位大于一个词；第二，它是现成的、人们所熟悉的，随时可以采用；第三，它不应该完全等于成语或谚语。这些认识无疑是合理的，符合于名称的由来及其存在的价值，未必有什么理由能加以否定。以此为基础，进一步把涵义再求精确一些、具体一些，使"熟语"用于指明一大类用语单位，恐怕就比较符合实际，比较符合大

95

多数人的理解。

人们说出话语或写出言辞作品，除了使用词之外，还往往用上词的固定组合体。这些组合体，都是大家所熟悉的，在构造上定型或比较稳定，成了大于词的用语单位，他们理应有一个名称，好加以统指。这名称就是"熟语"。把"熟语"一词只用于统指所有比词大的用语单位，不仅是适切的，而且从语言学术语体系来说，也需要这样。

不消说，熟语的范围相当宽泛，诸如成语、歇后语、谚语、名言等等词的组合体，都为它所包括。因此，熟语不相等于任何一类大于词的用语单位，相互之间只是存在着种属关系。

不过，熟语的宽泛性和驳杂性，在科学的认识上却需要加以分析，区分其内部从性质来看有很大差别的不同范畴或种类。

不难看出，成语（如"量体裁衣""望洋兴叹"）和谚语（如"到什么山上唱什么歌""巧媳妇难为无米之炊"）之间，成语和名言（"知己知彼，百战不殆""少壮不努力，老大徒悲伤"）之间，性质上的差别都很大，而且两种差别的内容又基本一致；另一方面，谚语和名言之间的差别却要小得多，同样，成语和歇后语（如"杏熬窝瓜，一个颜色""泥菩萨过河，自身难保"）性质上也没有很大差异。全部熟语，显然客观上分为性质大不一样的两大类。一类从表现的内容看，只是一个概念的意思；构造形式上只是词和词的组合，没有句调，不是句子；作用上相当于一个词，在使用中一般充作句子成分。另一类，表现的内容是对现实作出具体判断的完整的思想；构造形式上具有完整的句调和语气，是独立的句子；作用

96

通常是作为一句话而被直接引用，并不充作句子成分。① 这种差别最简单地概括起来说，就是语言和言语的不同。② 前一类熟语的建筑材料单位，无疑属于语言词汇，成为词汇的一种成员；后一类熟语是言语作品，并不属于语言系统，当然也不能列入词汇，虽然为大家所熟悉并广为引用，但是和词汇单位之用于造句的复呈性质很不相同。

　　区别属于语言范畴的熟语和属于言语范畴的熟语，无论对于确定词汇学的对象和确定一般词典的词目范围来说，还是对于正确认识词汇和语言的性质来说，显然都十分重要。过去一些关于熟语的分析论述，忽视了这种区别，只停留在指出熟语概念的宽泛性上，③ 或者依词的结合程度以及结构、意思、作用等多种区别准则而把熟语平行地划分为好几种类别，④ 都不能不使人感到没有抓住问题的关键。

---

　　①　两大类熟语的区别，是就稳定的、根本性的特点而言。前一类象许多实词那样，偶尔可以单独成句而有句调；后一类象一般语句那样，偶尔也可以充作句子成分。这分别来说，并不是两类熟语的常态，不是经常性的本质特点，因而都不影响这两类单位的基本性质。某些实词尽管有时可以带上句调而构成独词句，却不因此而丧失作为一个词的基本性质；任何语句，如果能偶尔被用为句子成分，也并不因此而可以取消其语句的性质。两大类熟语的情况同这一样。

　　②　当然，这并不等于说，一句话或话语同语言无干。若从句子结构及所用词语单位的角度来看，一句话无疑也能属于语言；只是从整句话的意思及其表现形式来说，一句话是言语的单位，而非语言的单位。正因为如此，相应地研究言语的话语语言学（лингвисти тика текста）和语用学（pragmatics），区别于研究语法、词汇、语音的语言学部门，但也属于语言科学。

　　③　例如，唐松波《熟语和成语的种属关系》一文就是如此，见《中国语文》1960年11期。

　　④　梁守锵《法语语汇学》（1964，商务印书馆）关于熟语的论述，可作为代表。熟语被作者平行地分为四类：组合性熟语、形象性熟语、成语、熟语性思想（包括格言、警语、谚语）。

语言词汇的熟语，就是固定语。言语的熟语，可以称为"常语"。

常语除了谚语、名言之外，还包括一部分俚语，它们都是独立成一句话的，很接近于谚语或民谣，俚俗而没有训诲性质（如"做一天和尚撞一天钟""眉头一皱，计上心来"）。① 所谓"俗语"或"俗话"，实际上就是这类俚语和谚语的俗称。而所谓"格言""警语"，只是就名言再加以划分的小类。所有这些常语，都是一定时代的作品，或者出自个人，或者是人们集体的口头创作，从根本性质来说属于意识形态的现象，其思想内容具有阶级性。这是常语不同于固定语的根本之点，也是须要把常语同固定语区分开的决定性因素。正由于常语是含有思想内容的作品，因而通常它们作为一句话而被引用，也因而要对它们作思想上的评鉴，或肯定，或批判。常语对于表达技巧和社会交际有着不可忽视的作用，对人们的思想意识又产生着影响，是需要专门加以分析研究的，如弄清其细分的类别及各自的性质特点，明确每类中哪些单位是好的，哪些是要不得的，等等。不过，这已不是词汇学的任务；自然，也不是本文题目的探讨范围所应当包括的。

固定语，从它的构造、意思和功能等三方面来看，都不是一句话。一部分诚然有着主谓结构的形式，如"孤掌难鸣""气壮山河""神通广大""意气风发""泥菩萨过河"之类，但是这样的主谓结构通常并不伴随有句调，并不体现任何现实的、具体的判断，运用起来，一般是构造一句话的某个组成部分（有时赋以一定的句调而单独成句，这应当是特殊情

---

① 俚语的其余部分，不成一句话，结构一般固定得多，都属于词汇单位，详见下文关于固定语的论述。

形，不是正常的、一般的事实）。因此，正如语法上的词组包括着"句子形式"，结构上只表现为句子形式的固定语就还不是真正的句子（一句话），而是一个具体的词组（即词的一种组合体在组合上体现着语法的词组结构；自然，它是定型的一类），所有固定语都是这样的词组。反之，常语总是一句话——一个具体的句子（词的另一种组合体，在组合上体现着语法的句子结构；是有一定稳定性的一类）。在构造上，固定语和常语之间，是这样地以不同层级的结构体而互相区别和对立的。根据这种情形，把固定语称作固定词组就未尝不可。只是"固定语"的称法，更能和熟语及其划分出的种种"语"的名称体系一起来，同词放在一起也好加以统称（"词语"）。

　　在较多的情况下，词组由于意思不如句子那样完整和复杂，要比句子短小些。在汉语中，成语大多数只是个"四字格"，这使得有些人有意无意地、或多或少地从形式上的长短来区别固定语中的成语和常语中的谚语。实际上，形式的长短同性质的区别没有绝对的、必然的关联，并不是成语和谚语之间或固定语和常语之间的区别标志。不少固定语是较长的，如汉语的成语"以小人之心，度君子之腹""三天打鱼，两天晒网""上天无路，入地无门""拾了芝麻，丢了西瓜"等等。有的谚语名言却很短，如"疾风知劲草""烈火见真金""独木不成林""富贵不能淫""满招损，谦受益"等等。可见区别成语和谚语或区别固定语和常语的形式标志，不能从结构的长短去找。上述在结构层级上的不同，才是成语形式上区别于谚语（也是固定语区别于常语）的标志。它不是单纯的、孤立的形式特点，而是密切地结合着并反映着意思上、功能上的差别的。成语和谚语有某些相近相同的地方，如都有形象的比喻，因此区别它们两者，引起过注意，有过不少论析文字。但是这些论析，大都忽略了一个应该强调的地方，那就是成语和谚语首要的不同之处应为语言范畴和言语范畴的差异，亦即固定语和常语之间的根本区别点，其他都属次要。

也须要看到，成语和谚语之间，或者扩大来说，固定语和常语之间，又并不存在不可逾越的鸿沟。一部分常语，由于用得广泛，使用的频率高，意思逐渐由现实的、具体的判断变成一般的概念，从而它们的被引用也逐渐转变为习常遣词用语的复呈，由现成的一句话变为固定词组，而结构上也日益固定。这是常语实现了词汇化，转化为固定语。不少固定语是这样历史地从常语转来的，现在还多少残留着独立语句的痕迹。如"孤掌难鸣""唇亡齿寒""曲高和寡""众怒难犯""老当益壮""黑云压城城欲摧"等，便是明显的例子。在这种转化的过程中，存在一些停留在常语和固定语之间的用语单位，是并不奇怪的。例如，目前来说，象"远水解不了近渴""井水不犯河水""青出于蓝而胜于蓝""树欲静而风不止""山雨欲来风满楼""无可奈何花落去"等，既作为句子而被引用，有时又可以成为句子中的某个成分，因而性质上介于固定语和常语之间。处理时，把它们基本上算作固定语或常语似乎都可以。

尽管固定语和常语之间有一些过渡性的或中间状态的单位，却不意味着固定语和常语没有区别的界线，不可以区别开来。从理论上和实际来看，区分开这两类用语单位，都是完全可能的，而且也是合理的，正如有着介于动植物之间的生物而仍然能够和需要划分动物和植物一样。

对于划清固定语同其他相近单位的界线来说，区别开常语是最重要的，但这只是问题的一个方面。别的方面，是同词的

100

自由组合体——主要是其中的自由词组（自由句子距离已远，不会有什么纠缠的问题）——的区别；此外，在缺乏屈折形态的语言里，如汉语里，同复合词的区别也颇为重要。同词的自由组合体的区别是相当明显的，因为这里比较的单位，一种有固定的结构，另一种在组合上根本没有定型。因此把词的自由组合体排除在固定语范围之外，既在理论上没有什么疑问，也可容易做到。末一种区别，涉及词的研究领域，习惯上归属于如何确定词的问题，要另由专文分析，不能在此深入论述。这里可以简单肯定的是：固定语总是大于复合词的单位；复合词的内部结构，与固定语中词和词的组合结构并不处于同一结构层次；复合词的意义内容（就词的单个意义而论）只是单纯的意义（不易感觉到或不能理解为由两个或更多意义相加而成）。而固定语的意义内容必是若干词义组合起来的复杂意思，相应地在形式上复合词要比固定语更为紧凑。因此必须把复合词同固定语清楚地区分开，应该而且能够把前者排除于后者范围之外。

不言而喻，把词的自由组合体混作固定语而收入词典，是不恰当的。把复合词误作固定语，或把固定语误作复合词，当然也不好，对于词的理论分析及文字拼写来说都会产生不利的影响；不过这在语言的实际运用上没有多大关系，词典中也较少出现这样的问题。弄清固定语同其邻近单位的区别，对于词典编纂方面的主要作用，在于可以明确：普通词典一般不宜收常语为词目，成语词典一般也不宜收谚语和名言。这些词典既然以罗列和解释语言的词语为目的，那么以所收的单位真正属于语言为尺度，是比较符合科学原则的。当然，如果普通词典或成语词典出于某种实用目的，酌收一部分常语，这样做并非不可，但是须要向读者说明，而且有必要在所收的常语上加上区别的标记。另外，专门把人们常引用的诗句、文句及好的谚语、格言之类汇集成册，帮助读者有批判地吸收和掌握，从提高群众的表达能力方面看，能起很大的作用。因而这样的书册也有编纂的价值。但是道理上似不应把它称作"词典"（如所谓"谚语词典"）或当真作词典看待。

（三）

原则上说，但凡是固定语，都有收进词典充作词目的资格。因为固定语是语言单位，是词汇的成员；另外，它的作用相当于词，为词典所收，在逻辑上就也说得过去。不过，在词典编纂实际中，不见得所有固定语都有必要收为词目。这一方面根据各类词典的特点要求而有不同的取舍，另一方面和固定语的不同类别也有莫大关系。

固定语的类别划分，从人们最熟悉的有关类别概念开始，可以首先划分出"成语"一类。

常可看到有人把语言中除去专名语之外的所有固定词组都看作成语，或一概称为成语。这并不恰当。那样的"成语"，范围未免太宽，所包括的单位在性质上过于驳杂，难于概括出什么重要特征——对于成语来说比较有意义的特征。比方，"纲举目张""一衣带水""满城风雨"，说是成语，没有问题；"总而言之""风和日丽""诸如此类"，说是成语，会使人产生疑惑，难以置信它们具有成语的特征；而把"不一定""一程""一行（xíng）""大怒"之类也看作成语，就很自然地会使人提出问题来：什么是成语的特点？难道意义非常直白，无任何形象比喻性的单位都能是成语吗？这样理解的"成语"，

102

同英语的idiom、法语的idiome相当。其实,表示idiom 或 idiome的相应含意,大可用另外一个什么名称,而 不应 采用 传统上、人们实际观念上指用语中某一特殊类别的"成语"。

只把"成语"用于指固定语中形象比喻地表意的一类,是比较适宜的。固定语除了包括着成语之外,还包括其他一些同成语平行的类别,如惯用语、歇后语、专名语、专门用语等。

关于成语,学术界已有很多探讨研究。但什么是成语,似乎并不十分明确,还存在着认识的分歧。尽管大多数人都倾向于把成语同熟语、谚语甚至固定词组区别开来,也还不解决问题。分歧主要在于把成语看作固定词组中多大一部分的单位,它们是否应共同具有某种表意特征。有不少论者给成语下定义时,说它们"往往带有"形象比喻性。这就有点含糊,实际上没有肯定形象比喻性是成语的必具特点。而成语的区别性特征究竟是什么,它的范围究竟如何,也表示得不清楚,大体上恐怕是指固定语的大部分,甚至可以是全部固定语(因为连专名语和专门用语也未能排除开)。范围如此宽泛不定,当然不可能为所有研究者所同意。这里,关键在于成语区别于其他固定语的特征究竟是什么。这点若一致明确下来,成语的范围自然就可随之而确定。

固定语相当大一部分,不仅有固定的结构,而且所含的每个成分都确定而不可更易,表达的都是一般的概念。如前面所举的"纲举目张""一衣带水""满城风雨""总而言之""风和日丽""诸如此类",就都有这些特点。它们以每个成分的固定性而区别于"不一定""一程""一行(xíng)""大怒"之类,以表达的是一般概念而区别于专名语(表示特定个体事物的概念)和专门用语(表示科学概念或职业专用事物的

103

概念）。那末，是否可以把这些特点统合起来，看作成语的区别性特征？不可。因为据此而将"总而言之""风和日丽""诸如此类"之类列为成语，不符合一般人对于成语的语感和传统观念，也没有什么意义和实际价值，不能突出诸如"纲举目张""一衣带水""满城风雨"之类单位的重要表意特征——那才是人们掌握成语所留意的和必须首先捕捉的特点。这等于说，前面列出的六个固定语例子中，只有从"纲举目张"等前三个一类固定语去寻找和确定成语的区别性特征，即只能把这类单位定为成语，而须把"总而言之"等后三个一类的单位排除于成语范围之外。这"总而言之"一类固定语，自成独立的类别，应另有类名，就是"惯用语"。因此，要确定成语区别于其他固定语的特征，除了从现象的客观事实出发，顾及传统观念、语感和语言实践方面的作用等因素之外，同时还需要确定惯用语而使它同成语区别开来，这是一个重要的相辅相成的条件。

成语的重要特征，凭之基本上能同所有其他固定语区别开来的特征，是表意的双层性：字面的意义具有形象比喻作用或使人联想的作用，透过它曲折地表现仿佛处于内层的真实意义①。当然，结构和所有成分的固定，含义的一般概念性质，

---

① 须要指出，表意的双层性并非唯独成语才具有，它也出现在很多的谚语上和一部分复合词上。不过，成语和谚语由各自属于语言和言语的范畴而足以划分开来；共同有着表意的双层性，并不影响到区别它们两者。而具有表意双层性的复合词，如"风声""油滑""炮灰""雪里红"之类，也不难同成语区别开来。因为复合词作为词，自有其区别于固定语的特点。成语有一些在意义的融合程度上，诚然逼近于复合词（比较"甚嚣尘上"和"嚣张"），但是意义表层仍然存在句法的意义组合关系，各组成成分的意义及其组合仍旧明晰，而复合词内的意义组合关系却处于构词法层次，而且一般已不明晰。

也都是成语的特点，但是这些特点对于区别成语和其他固定语来说，是次要的，在和惯用语区分时甚至完全不起作用。表意的双层性，使成语在意义内容上别具特色，这一方面决定了一种特殊的表达功能和修辞作用，另一方面也形成一种异常丰富、生动的色彩，在固定语中显得很突出。因此，依据这一特点，什么算成语，什么不算，是易于断明的。当然，成语的范围因此而比较确定、明显，不那样宽泛、模糊，便于认识和掌握。固定语中，凡表意具有双层性的单位，无论只用于口语或书面语，也无论具有悠久的历史或只产生于现代，都是成语。例如"三长两短""滴水不漏""穿小鞋""七上八下""碰一鼻子灰"和"甚嚣尘上""为渊驱鱼""功亏一篑""沆瀣一气"，"邯郸学步""杯弓蛇影""越俎代庖""芒刺在背"和"解剖麻雀""下马观花""有的放矢""遍地开花"等等，都同样具有成语的资格，是不应有什么疑问的。

成语两层意义之间的联系，由民族的历史生活所决定。因此，成语具有显著的民族特点，不同的语言很难加以直译。由于字面意义同真实意义的特定关联大多形成于久远的历史时代，其中有的具体历史背景已不能为现代一般人所了解。这些成语，如果字面上并不能暗示出真实意义，或者真实的意义发生过变化，自然它们字面上何以能同真实意义关联起来，就会连现代本民族一般人也难以明白。因此，那样一部分成语大大减弱了形象比喻性，甚至几乎体现不出比喻作用，象"沆瀣一气""钩心斗角""炉火纯青""甚嚣尘上"等，便是如此。但是，这类成语仍以其字面意义而能使人产生某种同真实意义相关的联想，虽然它可能不很符合或完全不符合历史事实；而如果一旦了解它们产生和演变的历史，反映历史事实的联想或真实意义的形象感就会随之而生。这说明，它们仍然没有丧失两层意义的性质。

同成语划分开的惯用语，数量比成语多，特别在当代语言中，不断地大量产生出来。它区别于成语之处，只在于没有表意的双层性，字面意义就是真实的意义。换言之，它的特征只是结构固定，所有组成成分也固定，表示一般的概念。许多具备这样的特征而语感上不象成语的词组，其实都属于惯用语，如"多快好省""知难而进""又红又专""鞍钢宪法""安定团结""四个现代化""知识青年""超级大国""三个世界""断肢再植""言之有理""从容不迫""一如既往""等量齐观""不露声色""不胜枚举"等等。

普通词典一般应把惯用语收为词目。不过这类固定语有相当一部分很浅俗（如"坏事做尽""不慌不忙"之类），非大型的词典，为节省篇幅可以酌情选收，过于浅俗的不必收取。

惯用语在使用上虽然和成语没有多大差别，但是应用的功效，所实现的修辞效果，一般来说，不可能相同于成语。采用成语，大多同表达的生动和富于色彩的要求相联系，同一定的文体和风格相适应；使用惯用语则随便一些、广泛一些。因此，为利于提高广大群众使用词语的能力和技巧，利于修辞、风格等方面的分析研究，划分开成语和惯用语，是很有必要的。另外，表意的双层性学习掌握起来，有一些特殊的要求，提出一些问题需要专门加以解决。从这方面看，把固定语当中一个含糊、笼统的"成语"部分，区分为惯用语和真正的成语两个类别，也是很有好处的。

应该指出，成语和惯用语并非处处都能区别得那样明显。有的成语，只有微弱的或不完全的意义双层性，如"扣人心

106

弦""拿手好戏""口若悬河""挥金如土""利欲熏心""名列前茅"之类。它们较近于惯用语，但终究还是具备双层意义，应该归为成语。有的惯用语，部分的组成成分含比喻性，因而字面意义局部地不是真实意义，多少有点近似成语，如"胆小如鼠""从善如流""弥天大谎""蠢蠢欲动"之类。这些单位，字面的基本意思就是真实的含义，归为惯用语才合适。

汉语中，有一类特殊的固定语兼具成语和惯用语的性质，就是所谓歇后语。它仿佛是一个成语加上个惯用语的综合物，不过这"成语"的真实意义难以捉摸而由后头所加的"惯用语"明点出来。前后两个组成部分之间只存在着同位对注的关系，而绝无主谓关系。因此，两部分的联系就并不紧密，在使用多了以致不说后面部分而真实的意义也能清楚时，后面部分便会逐渐被人们废弃。例如，"竹筒倒豆子，一干二净"，意思并非"竹筒倒豆子是一干二净的"或"竹筒倒豆子倒得一干二净"，而是"竹筒倒豆子——一干二净"；"老鼠过街，人人喊打"，意思也并非"老鼠过街，人人喊说'打它'"或"老鼠若过街，人人都喊打"，而是"老鼠过街——人人喊打"。这两个歇后语用得较多，大家都已熟悉，因而现在很少把后半截说出来，单说"竹筒倒豆子""老鼠过街"（往往另改为"过街老鼠"），真实的意义已很清楚。类似这样从歇后语简化来的单位，当然就成了十足的成语。

歇后语的存在，是汉语丰富性、灵活性的一种表现，是汉语词汇的一个特色。它丰富了固定语的种类，从侧面具体表明了成语和惯用语的区别，也揭示了成语的一种现实的来源。

汉语词典和汉语-外语词典，很少收取歇后语。原因可能是歇后语大多只用于口语俗谈。这个理由是站不住脚的。轻视口语词语的态度并不正确。人民口语中新鲜活泼的词语值得大家学习。大部分歇后语，正是产生和使用于民间的生动用语，闪烁着人民的智慧，词典应该适当加以收录，以供人们学习和使用。当然，一部分词意鄙俗或表现了低级趣味的歇后语，是必须摈弃的。

成语和惯用语当中，其实也有相当一部分来自口语或多用于现代口语俗谈。歇后语和俚俗的、用于民间口语的成语（如"摸门钉""滴水不漏""碰一鼻子灰"之类）、惯用语（如"呆头呆脑""脸红脖子粗"之类），如果要统合起来加以认识，也可成为一个类集，都属于所谓俚语。"俚语"同"熟语"相仿佛，理应是个宽泛的概念，兼包括作为言语作品的某些常语和作为语言单位的某些固定语。语言词汇中的俚语，除了一部分鄙俗的歇后语之外，一些定型的骂人语、粗口话（属于惯用语）也是不应该收入词典的，以便促进民族语言的纯洁。

（四）

普通的固定语，除去成语、惯用语和歇后语之外，还有相当大的一部分或者为一般人和学者所忽略，或者被不适当地归到成语当中去。这需要特别提出来加以考察和分析。

词与词的具体组合，多数情况下是自由的，即只是在言语中随着说话者或写作者的意向而碰在一起，并不定型，不能结为固定的整体。当然，这自由是相对而言，也有一定的约束条件，如须符合语法规则，须在逻辑上和习惯上能够互相搭配。如果约束条件大大加多加严，某个词只和数量很有限的一些特

108

定的词组合，**而且**组合的格式成了确定的样子，这就形成定型**的具体**组合，即造成稳定的整体，就是熟语。其中除出属于言语作品的常语不论，在固定语范围内，组合的固定性程度又分出很强的和不很强的两种情形。所有的成语、惯用语、歇后语及一般的专名语和专门用语，都是固定性程度很强的。表现在不仅结构固定，而且其中任何组成成分都不容变换。① 有时个别单位部分的成分可更换为特定的词，但是整体又成了另一个同样性质的固定语（如"走马观花）—→"下马观花"，"厚古薄今"—→"厚今薄古"）。固定性程度不很强的情形，表现在可以自由更换部分组成成分，更换后往往就成了词的自由组合体，但是：第一，只要不发生这种更换，整个结构是固定的，既不能改变诸成分的原有顺序，当中一般也不容许插入别的成分——如果插入成分，就破坏原来的意思；第二，总有一部分组成成分不可变换，或者它可插上的同性质的成分是极少的。如"一行（xíng）"，可以把"行"换为"伙""群""班""队""列"等等，前头的"一"却不能换为其他任何数目的词，也不能换为别的什么词而仍保持"行"的固有意义；"一行"本身在结构上是固定的，其间不能插入成分，词序也不能颠倒。又如"大怒""来历不明"："怒"可换为"喊""叫""笑""哭""恸""讲"等等，"来历"可换为"情况""是非""道理""论点""方向""地点"等等；但是

---

① 这不容变换，是就保持固有的定型组织整体及其意思内容 的 习 惯性来说的；即变换如果不能保持组合体原来的表意方式和意义组合形式，不能使其他不变换的成分保持原有的意义作用，从而破坏了人们原有的语言习惯（如"邯郸学步"—→"邯郸学行走"，"解剖麻雀"—→"解剖雀儿"），或者变换而成的新组合不符合大家的习惯（如"诸如此类"—→"诸如这类"，"艰苦奋斗"—→"艰苦斗争"），那么这样的变换就不容许。

109

能替换"大"的形容词却只有"狂"或"盛"，能替换"不明"的"副词-形容词"组合体恐怕只有"已明"（实际上很少有"来历已明"的说法），要单独用另一个形容词替换"明"则只勉强地有个"清楚"。类似这种情况而表示一般概念的用语单位，显然有一定的固定性，但是它不如成语、惯用语、歇后语等的固定性那样强。因此，它们基本上有资格进入固定语范围，应把它们看作固定语中的一类。可以把这类单位称为准固定语。

识别准固定语，一般来说，不象成语、惯用语、歇后语那样容易；因为它的部分组成成分可以变换，且表意平常，有点象词的一般自由组合。这正是它易被忽略的原因。需要划清这种单位同两种容易混淆的邻近单位的界线，就是既不同于惯用语，又区别于词和词自由搭配的词组。

准固定语和惯用语都表示一般概念的意义，结构上都固定，区别就在于前者部分组成成分可自由变换，而后者所有组成成分都固定。试看下列的对比：

准 固 定 语	彬彬／有礼	不消／说	大／哭
	↓　　　↓	↓　　↓	↓　　↓
	谦虚　／	无须　／	衰　哭
	殷勤	不用	嚷
	斯文	不必	闹
	客气	忽然	唱
	热情	马上	讲
	⋮	⋮	⋮
惯 用 语	文质／彬彬	多／此／一／举	一往／情／深
	↓　　↓	↓　↑　↓↓	↓　↓　↓
	／	／	／

一个词能同什么样的词搭配使用，都是有一定的，但是存在着数量多寡或范围大小的区别。只要在词和词的组合体中，任何一个词都还有可以同另外一系列较多的词搭配的能力，那么这个组合体里出现的就是自由搭配。因此，自由搭配的词组不同于准固定语之处在于：其中任何一个组成成分，都没有只同极个别的单位相结合的限制。这就是说，所有组成成分没有固定性。由之也相应带来另一个特点：结构上不固定，能插入成分，整个词组并未成为定型的单位。这也是自由搭配的词组性质上同准固定语迥然有别之处。据此，能断定，比如"小树""走近""不干净"之类是自由词组（即词和词自由搭配而成的词组），而象"小意思""走亲戚""不克"之类则属于准固定语。可有如下具体的对比：

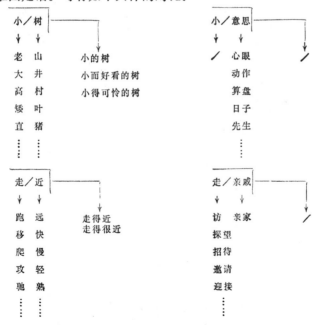

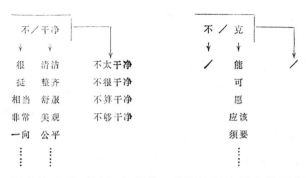

还应该看到，语言中存在一些严格地由特定的词搭配成的组合，但是其间却能插进其他成分。①这些组合不可能是自由词组，却同准固定语颇有牵联。例如：

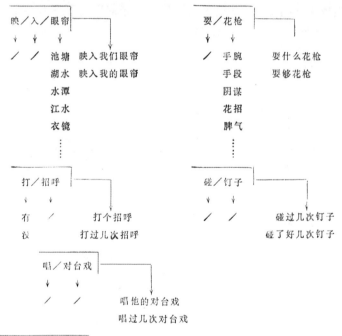

---

① 个别成语或惯用语，偶尔出于修辞目的而在当中插入个别字眼（如"水落自然石出""理直便能气壮"），是性质不同的**另一种现象**，不在此列。

"映入眼帘"和"耍花枪",从部分成分可自由变换的情形看,完全同准固定语一致,但是当中可以插进其他成分,却不是准固定语一般所具的特点。若把这类单位单立为一类固定语,似不恰当。正如复合词有一种特殊的离合词一样,未尝不可把它们看作"离合式准固定语",即当插入成分而被分开时不是一个用语单位,合起来使用时基本上能归属准固定语。"打招呼""碰钉子""唱对台戏"等三个单位,从各自相当定型而能插入成分看,同离合式准固定语显然也很接近,但是它们都不能变换组成成分,或只是个别成分能作有限的变换;因而"打招呼"可看作"离合式惯用语",而有表意双层性的"碰钉子"和"唱对台戏"则是"离合式成语"。

同时存在几种离合固定语的情形,从侧面表明,准固定语是一头和惯用语、成语相近,另一头又同自由词组相挨邻的单位,但是性质上同惯用语要靠近些。它们出现在各种语言、方言里,占了词汇的一席位置。现代汉语里的准固定语,数量有多少,还缺乏统计,粗略看来是很不少的,其中结构上只包含两个词的最多。例如,以"一"带头的,有"一伙""一行""一干""一程""一笑""一瞥""一阵子""一心""一刹那"等等;以"大"开头的,有"大喜""大悦""大哭""大恚""大恸""大造""大书"等等;以"不"开头的,有"不满""不通""不可""不克""不堪""不介意""不乏"等等。

英语的所谓"短语动词"和"介词短语",其实很多是准固定语。如be awake to(深知)、avid for(热望)、be attached to(热爱)、grow up(长大)、battle for(为……而奋斗)、at work(在工作)、at will(任意)、as a whole(作为整

113

121

体；整个)、in the right(有理；正当)、on business (因公)等等，都结构固定，有一个特定的介词不可变换，但是另一个表示主要意思的词却可更动。

在屈折形态丰富的语言中，准固定语里不同的词之间，往往由于屈折形式上有着某种规定的或相互一致的关系，而显得结构更为固定，有时不能变换的词甚至连屈折形式也是不能变动的。如俄语кра́сное словцо́(俏皮话)、кра́сное со́лышко(可爱的太阳)、го́рькая и́стина(痛苦的真情)，这几个准固定语，每一者所由构成的两个词之间，格尾有着一致关系，可随时起同样的变化；而вы́ше всего́(高于一切；胜于一切)、вы́рвать с ко́рнем(连根拔；根绝)、выража́ть себя́(表现自己)、выржа́ть собо́й(表现为；成为)，其中不可变动的词只取一定的格尾形式，在任何情况下都不变动。

准固定语既然是语言词汇的成员，普通词典原则上就应把它们收为词目。《词典精华》、《汉语词典》(中国大辞典编纂处，1975年重印)及不少汉语-外语词典，如《汉英新辞典》(1927，商业出版社)、《汉法词典》(北京大学西语系法语专业，1964，商务印书馆)、《汉德词典》(北京外国语学院德语系，1959，商务印书馆)、《中日大辞典》(爱知大学中日大辞典编纂处，1971)等，不同幅度地收了汉语的准固定语，是合理的。当然，是否需要把全部准固定语都收齐，这要看词典的规模及词典使用对象对准固定语的熟悉程度来确定。问题在于，准固定语虽然一般都浅显易懂，为一般读者所理解，但是其固定性的要求却不是都很明确的。因此，普通词典似宜在可能范围内多收一点准固定语，这对于帮助读者正确使用词语、促进民族语言的健康发展来说，能起有益的作用。

114

（五）

专名语是普通词典一般都不收的一类固定语，但是为人们所经常接触。其特点在于表现的不是一般概念，而是某一个体事物的特定概念。包含不止一个词的地名、行政区划名、国名、机关团体名、著名的书文报刊作品名、著名人物的姓名称谓等，都属于专名语，例如"胶东半岛""海南行政区""中华人民共和国""最高人民检察院""中日友好协会""论十大关系""人民日报""创业史""园丁之歌""周总理"等等。

专门用语也不表现一般的概念，而是表现专门学科领域的科学概念或各种职业专门使用的概念。通常会有一部分专门用语逐渐在全民范围内流通起来，从而能够成为民族共同语里合格的固定语单位，例如"光合作用""反刍动物""地心引力""惯性作用""直角三角形""剩余价值""扩大再生产""针刺麻醉""人造平原""电力排灌""走钢丝"等等。所谓"狭窄"的专门用语，如"阿基米德螺线""算法语言""蛇伏冷容器""接触桃板"之类，只为社会上某一工作领域的人所理解和使用，严格来说，不能归入全民共同语词汇，而只是处于它的外围。因此，普通词典没有必要收狭窄的专门用语（综合性词典可酌收），而对于不狭窄的，则可以适当收取。

依据是否表现一般的概念，专门用语、专名语同所有其他种类的固定语明显地区分开来。当然这里的区别界线也不是绝对的、到处都清清楚楚的；一小部分专门用语能逐渐转化为惯用语或成语。固定语除去专门用语和专名语，其他部分成为主

115

体。这当中，成语和惯用语尤其是核心，在格式上和定型化上能对其他固定语类别起影响作用。固定语的主体部分普遍应用于社会日常生活，多数具有增强表达力的作用，应为语文教育所重视。一些"成语词典"主要以它们作为选收的对象，从实用角度看，并没有错。问题只在于不能把它们统统看作成语。这一大类用语单位，同idiom或idiome所指的对象在范围和性质上大体一致。如果要用一个名称统指它们，那么可以称之为"习用语"。

综合上文提到的常语类别，固定语的分类及其在熟语中的地位，可用图式表示如下，作为本文的结束：

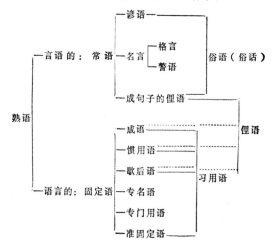

——表示左项全部属于右项

……表示左项部分地属于右项

附志：本文初稿承邢公畹先生、张清常先生及石安石同志提出过不少宝贵意见，谨在此致谢。

（《语言研究论丛》第二辑，

1982，天津人民出版社）

116

论词的单位的确定

——兼谈以词为词目的问题

（一）

语言学中，什么是词或怎样确定词的单位的问题，理论上还没有很好地解决。可是，词在语言系统里占有极其重要的位置，弄清如何确定词的单位是至为必要的。要解决这个问题，很有一些困难，某些语言学者因此而或多或少地对它抱消极的态度。有的研究者干脆主张，听由编词典的人把一个个单位定为词目好了，词典确定的词目就是一个词。比如，陆志韦先生说得很明确："直到现在为止，那样的工作（指从意义或语音方面来确定词是什么——引者）都是徒然的。到末了，我们还得回到一件物质的东西，就是一本现成的词典。'词'就是词典里一行一行排列着的东西。"① 又说："……凡是拼音的时候必得联起来写的一堆字母，代表一个'词'。收罗在字典（词典）里呐，这一堆字母就是一个词。"②

这种观点，未免本末倒置，倒果为因。词典之所以能够以某个词的单位或"联起来写的一堆字母"为词目，是由于编纂者在观念上先认识到它是区别于其他语言单位的词，而且是不同于其他任何一个词的词。如果这种认识错了，那么相应列出

---

① 陆志韦《北京话单音词词汇·序》，第五页，科学出版社，1956年。
② 同上。

的词目就并非一个词。编纂词典，确定词目，归根结底总要为关于词语的观念认识所支配或指导。这种观念认识正确与否，才是根本的东西。如果只依照词典排列的词目来解决什么是词的问题，那么在做法上没有比这更盲目和自欺欺人的了。

有趣的是，即使陆志韦先生本人，为了要把北京话单音词集编成册，他也并非按照自己的主张，只依据现成的词典、字典，把一个个单音的词目照搬过来，而是要费一番力气，用一定的方法去确定北京话中什么单音的单位是词，什么不是。

实际上，词典编纂者要读者视作词的词目，是否都确然是语言中一个个词的单位，而且这些各不相同的词目是否能相应地看作不同的词，却往往会使读者产生疑问。即使对语言学知识并无所知的读者，凭着实际的语感和经验，有时也会发现，这部或那部词典中某个词目，同语言实际中的词的单位并不相符。

比如，在一些汉语—外语的对译词典中，常可见到把词的语法变体列为词目的现象。如《汉德词典》（北京外国语学院德语系编，1959年版）列有"和和气气""安安静静""安安稳稳"等词目，都不过是相应双音节形容词的重叠形式。《汉法词典》（北京大学西语系法语专业编，1959年初版，1960年第三次印刷）除了"安安静静"之类，还列有动词被动式的词目"挨打""挨骂"等。《中日大辞典》（日本爱知大学中日大辞典编纂处编，1968年初编，1971年再版）把称人的名词后面加"们"的集数形式也定为词目，如"老辈们""老乡们"。六十多年前的CHINE—ENGLISE DICTIONARY（HERBERT A．GILES，1912年，伦敦第二版），把很多动词出现体范畴构形成分的语法变体列为词目。如"走了""完了"

118

"走着"之类；这种做法现在较少见了，但是在个别汉语—外语词典中仍可发现。例如《中日大辞典》设有"看着""说着""有着""有了"等词目。

有的词典把实词同句法的虚词连在一起也算一个词。如《汉英新词典》（1927年，商业出版社）有"堕在""堕于"等词目；北京语言学院编纂的一部汉英小词典（初稿），收了"…得慌""小于""走向"等。这些都不过是句法组合上还不完整的结构片段。

两个或两个以上的词组合起来的整体，同一个词之间客观上存在着差别。词的固定组合体，即固定语，和词的区别界限如果弄不清楚，反映到词典的词目选收上，一般还不至于产生严重的后果（特别是不指明词性时）；①但是若不明确词的自由组合体（即所谓自由词组）和词的区别，把前者列为词目，那么就会产生消极的影响。有两种可能的情形：一是把自由词组误作固定语而收入词典，这不涉及词的问题，可以不论；另一种情形就是把自由词组当作词。许多时候，弄不清楚编纂者是把它们看作词还是固定语，因为没有给词的词目以一定标志。但是，当赋予词的词目以词性的标注时，词和自由词组混淆起来的毛病便很明显。比如有部词典稿本在词目〔深信〕〔深耕〕〔飞驰〕等之后注明(动)，在〔大批〕〔大乱〕后面注明（形），在〔大声〕〔大道〕后注明（名）。②把这种词目说成一个词，是难以令人信服的；它们能使人感到是两个词的组合，明显地是个自由词组。只要把〔深信〕〔飞驰〕等与同样标以

①之所以会这样，是由于固定语反正和词一样地是词汇单位，有列为词目的资格和必要。不过不能由此认为区分词和固定语不重要。

② 见于北京语言学院汉外小词典编写组编纂的《汉英小词典》初稿本。

119

（动）的〔打扫〕〔打听〕〔深化〕〔飞翔〕并在一起来看，把〔大批〕〔大乱〕与标以（形）的〔大胆〕〔大方〕对比起来，把〔大声〕〔大道〕与标以（名）的〔大豆〕〔大使〕对比起来，那么会使人奇怪，编纂者根据什么样的理由能把自由词组和词混而为一。

还有些词典，有意截取固定语的一半，把它当作完整的词汇单位，而立为词目。如《四角号码新词典》（1977年修订重排本）有〔亢礼〕（截取自"分庭亢礼"）、〔交臂〕（"失之～"）、〔不经〕（"荒诞～"）、〔不韪〕（"冒天下之大不～"）等等；《汉语词典》（中国大辞典编纂处编，1957年）有〔不刊〕（"～之论"）、〔不群〕（"独立～""卓尔～"）、叵测（"居心～"）等等；《华俄词典》（鄂山荫主编，1959年）仅"一"带头的，就有〔一口〕（"～咬定"）、〔一日〕（"～三秋"）、〔一片〕（"打成～"）、〔一窍〕（"～不通"）、〔一毛〕（"～不拔"）、〔一成〕（"～不变"）等十个多。可能在编纂者看来，这些固定语的半截就是词，或最少是近于词的单位。然而把它们看作词，并不符合语言运用的实际；看作固定语也既不合逻辑，又违反人们的语感。它们从固定语中截取了出来，实际上变成了词的自由组合体。①

词典在以词为词目上有了舛误，且不说对于语言的纯洁、语文教育及拼音正字法会产生什么不利影响，至少它也会模糊

---

① 从固定语截取出的部分，偶尔可以是个固定语。例如固定语"高枕无忧"中的"高枕"，是"高枕而卧"的略语，也成了固定语而被单独使用，如："三窟已就，君姑高枕为乐矣。"（《战国策·齐策四》）这样的单位列为词目，是完全可以的。

词的界限，使词是什么的问题更加复杂。

因此，现有词典的词目设置，不仅不能作为什么算一个词的依据，而且相反，这种设置当中存在的舛误，正需要语言学从理论上明确词的单位，以便据以得到纠正。实践推动理论的前进，而理论却是应该走在实践的前面的。

当然，由于人类各种语言在构造上千差万别，要得出词的一般公理式的说明来，确实相当困难。从具体语言来看，如果说具有较多形态变化的印欧系语言还较容易确定一个个词，那么象汉语一类较少形态变化的语言，要确定其词的单位，真是棘手得多。

但是，无论在印欧系语言当中还是在汉语当中，词都毫无疑义地客观存在着。世界上只有所谓辑合类型的少数语言不能从语句中划分出词来；其他绝大多数语言无不以词为基本构造单位。既然如此，通过探索，不仅有可能弄清楚汉语一类语言什么样的单位是词，而且可以把各种语言的词的共同特点加以概括，从而得出对词的一般认识。

本文不敢指望完满解决如何确定词的单位这个复杂问题，但是希望能有助于明确解决这一理论问题的原则。论述中将主要以汉语为分析对象，并且要联系词目方面的分析，以求有助于实际问题的解决。

（二）

过去一系列语法著作，包括专门介绍汉语语法知识的著作，对于词是一种什么单位的问题都作出了回答。这回答是语法描写的一道"工序"，而且是带有基础性质的必要工作，无可回避，把它做完了，其他语法现象的分析才好进行。

121

所有这类回答，不能说没有比较合理和精辟的见解，但是恐怕都有一个缺陷——只从某一个方面而非全面地观察词的本质和特点。

从汉语语法学界来说，开初，一些学者只简单地从意义的角度来确定什么是词（如王力、黎锦熙等）。这种撇开了词的物质形式的特点和语法组合上的特点，纯以语义为依据（有的甚至只依据概念）的观点，是解决不了什么问题的。所谓"语言的最小意义单位"、"意义的最后的独立单位"、"表示概念的语言形式"等等说法，当然定不出词的界限来。比如，任何语素都是语言的最小意义单位，而最后独立的意义单位也没有理由不包括某些固定语（如"居心叵测""意气风发"）以及句调（如陈述句调、询问句调、命令句调等）；至于表示概念的语言形式，当然既可以是词，又可以是固定语。后来，纯依照意义概念的观点补充上了声音方面的考虑，认为词是"声音和意义结合的最小语言单位"。这也改善不了多少，依然划分不开词和语素。

当意义的角度显露出不科学的性质时，不少学者转向了词的语法方面的特点（如吕叔湘、张志公、倪海曙、史存直等）。这有一定的进步，但是未免从一种片面性走向另一种片面性。比如，下面的说法是广为流行的：词是"最小的能够自由运用的语言单位"，或者，词是"语言的最小的独立运用的单位"。这明显地只依据一种句法功能来确定词的单位，完全不顾词的词汇特点，连意义也摈弃了。能否解决问题呢？若只在某个具体的言语片段中来看什么单位是词，即只就词的每一个使用场合而论，运用"最小的能够自由运用（独立运用）的语言单位"这一原则，是能够辨定一定数量的词的。比方：

122

a，队伍整齐

b，节约材料

c，他们精神振奋

a例言语片段中的"队伍""整齐"，b例中的"节约""材料"，c例中的"他们""精神""振奋"，都是最小的能够自由运用或独立运用的语言单位，确定为词完全符合语言的实际和人们的语感，不会有异议。但是，不少在人们语感上和使用语言的习惯上视作词的单位，从最小的能够自由运用（独立运用）的条件来衡量，却不可能确定为词。比方：

d，他们的精神振奋起来

e，他们意气风发

f，修铁路

g，这儿准有铁矿

d例中的"的"和"起来"（轻声，意义虚化），是不能单独成句的，即并不完全具有自由运用或独立运用的性质；① e例中的"风发"只能紧跟在"意气"之后出现，根本不能自由运用或独立运用。可是要说它们都不是词，恐怕人人都要反对。f、g两例中的"铁""路""矿"都能自由（独立）运用，而且是最小的单位，但是由此要否定"铁路""铁矿"是词，也好象很不合理。

上述确定词的条件和原则，若应用于词的不同使用场合，即要从不止一个的言语片段来判断什么单位算同一个词时，就更加行不通了。例如：

h，队伍整齐/队伍整整齐齐/他回到人民队伍中来

---

① 如果"独立运用"只是能单独成句的意思，那么"的"和"起来"当然谈不上独立运用。

i，节约材料/节约节约材料/要搜集原始材料

h例前一片段的"整齐"和第二片段的"整整齐齐"，同样i例前一片段的"节约"和第二片段的"节约节约"，是不是同一个词？h例第一、二片段的"队伍"和第三片段意义不同的"队伍"，i例第一、二片段的"材料"和第三片段不能同样理解的"材料"，是否都算作两个不同的词？所有这样的问题，从语言单位运用上的是否自由或独立是找不到答案的；因为在这里，虽则能弄清每个单位都充分"自由"和"独立"，却无从显示出它们彼此间的异同关系和内部联系。

可见，企图依凭句法功能来确定词的单位，毕竟不能说行之有效。甚至补充以词法特点的依据，如有的人所主张的除"最小的能自由运用"之外，再加上是否具有一定形态，那也并不济事。无论如何，只从语法特点着眼，是解决不了音同义异（如"权力"和"权利"；两个含义不同的"材料"）、义同音异（如"桌子"和"桌儿"；"教室"和"课室"）、音近义近（如"房"和"房子"；"傻登登"和"傻呼呼"）的语言单位是不是同一个词的问题的。对于形态不丰富的汉语来说，依据形态方面的特点，也还确定不了诸如"意气风发""映入眼帘""文质彬彬"之类的单位是否大于一个词，象"打倒""踢翻""捅破"之类的补充格式是复合词还是两个词的组合体。

单着眼于语法特点，之所以不能彻底解决什么单位是词的问题，就在于只抓住了词的性质的一个方面，只把词理解为语法的单位，而词的性质更为重要的方面却未看到。

毫无疑问，词是受语法支配的，具有一定的语法特点和语法功能。笼统地说，词总是以一种语法单位的身分而出现于言

124

语和语句结构中。但是，从更为根本的性质来说，词首先是词汇性的语言建筑材料，①是词汇的基本单位。离开了词的这一词汇属性，就不可能抓住词的最重要的本质特点。

斯大林在其语言学著作中写明："大家知道，语言中所有的词构成所谓语言的词汇。"②其后，进一步指出："拿词汇本身来说，它还不是语言，——它好比是语言的建筑材料"；"但是当语言的词汇受语言语法的支配的时候，就会获得极大的意义"。③词之作为语言建筑材料单位，意味着它具有一定的意义内容和把这意义内容加以固定与表现的一定的语音形式，即总是一个定型的音义结合体，在语法支配之下，随时用于构造语句。这音义结合体有着什么样的意义内容和什么样的语音形式，就不仅成为它充作语言建筑材料单位的根本条件和具体表现，而且也正是词区别于其他语言单位的特点所在，是一个个词自成单位和相互区别开来以及相互建立关联的依据。

无疑，词作为语言建筑材料单位的词汇性质，是客观事实，不容否认。研究词，确定词的单位，理应首先从词汇的角度入手，观察和分析作为语言一种特定材料单位的词所应有的和可能具有的意义内容和语音形式。但是，近代以来，研究者大多只从语法的角度来探究什么是词的问题，把词的词汇性质方面忽略掉。这一方面是认识不全面所致，另一方面可能由于语法的研究历来在语言科学中占有优势和主导的地位，一般习

---

① 这是就绝大多数的词来说的；语言中为数极少的只纯粹具有语法意义的虚词，应看作例外，它们首先是语法成分，是语法手段的单位，虽然也属于词汇的一员。

② 斯大林《马克思主义和语言学问题》，第17页，人民出版社，1971年版。

③ 同上。

惯于从语法的角度去观察研究语言构造上的各种现象。于是什么是词的问题，一般被置于语法学的范围，被看作确定一种语法单位的课题。令人遗憾的是，一些词汇学的著作或者避开回答词是什么一种单位，或者只照搬语法学给词下的语法定义。

词既然受着语法的支配，具有语法的特点，当然是可以从语法角度来观察的。但是语法中的"词"（虚词除外），其实是具体的词的抽象概括；作为语法单位的词，同一个个有着音义个性的词汇单位的词并非一回事。正如斯大林所指出的："语法的特点在于，它得出词的变化的规则，而这不是指具体的词，而是指没有任何具体性的一般的词；它得出造句的规则，而这不是指某些具体的句子，例如具体的主语、具体的谓语等等，而是指任何的句子，不管某个句子的具体形式如何。"① 无疑，不但词法中体现词的变化规则的"词"，是没有具体性的一般的词，而且句法中出现在句子结构中的"词"（虚词除外）也同样是一般性的、经过语法抽象概括而得出的；因为体现造句规则的、作为句法结构单位的"句子"不是具体的句子，充作其结构项的词自然也是语法类别的抽象单位（如动词、名词等等）。可见，只依据某种句法功能（是否最小而能自由运用或独立运用的单位），或者还同时依据词法形态，由此确定下来的词，只能是语法的、一般性的单位，并不涉及、也不可能反映词的词汇性质方面——具体的意义内容和语音形式。这样的"词"，没有真正反映一个个词自身的重要特点，不应是词汇学的概念。在实践上，把语法的"词"用到词目的确立上来，根本无助于问题的解决。

---

① 《马克思主义和语言学问题》，第17页。

比如，不少词典把词的组合体混作词，立为词目，不能不说在观念上正是以关于词的某种语法观点为依据，或者至少受着它的影响。例如〔不耐烦〕〔不让于〕〔不介意〕（《中日大辞典》）、〔离不了〕〔一角〕〔空盘〕（《华俄词典》）〔老去〕〔不理会儿〕〔不景气〕〔不中听〕〔不雅观〕（《汉语词典》）等等，从"最小的能自由（独立）运用的语言单位"这一条件来看，或者再结合形态方面的原则，是都可以具有"词"的资格的。把词的一种语法变体（如"安安静静""走了""老乡们"之类）视作一个独立的词，立为词目，也符合于确定词的句法功能依据（在句子结构中是个最小的自由运用的单位）。语言学中之所以会出现一种把词的个别语法变体定为一个词的观点，恐怕就在于片面地只把词看作语法单位。这种错误观点，虽然遭到不少批评，至今却仍在某些词典中留有其影响。

词之只从语法方面来认识，在曾有较大影响的美国结构主义语言学那里，表现得更突出。这个语言学派只把词看作语法结构上的一种形式单位，而且是不很重要的一种；至于词的意义内容是撇开不管的。开初，所谓"语言形式"（linguistic form）还被区分为词汇的和语法的两种，① "全部语素（指词汇方面最小的语言形式——引者)的材料"被看成就是词汇,② 而"词是最小的自由形式（即自由的语素——引者）"。③ 包括词在内的全部语素及词组等"语言形式"，虽然贴上了"词汇的"标签，实际上只成了语法分析所面对的和运用的单位，

---

① 见布龙菲尔德（Leonard Bloomfield）的 LANGUAGE，第264页，1955年伦敦重版。

② 同上书，第162页。

③ 同上书，第178页。

它们的词汇方面并没有揭露。尔后，词的一层薄薄的面纱干脆撕了下来，在言语段落中的语素或几个语素的结合体都成了"语法形式"；① 而词既然也同语素一样地是语句分割出的单位，而且又同最小的自由形式以及句子中的"语位"（lexeme）相近似，② 那末它实际上也就是一种语法形式。词正是只在语法的章节里被提出来，不过不但不去涉及它的意义和语音形式本身，而且在语法上也把它置于无足轻重的地位；因为在描写语言学派看来，语法无非是全部语素及其如何相互有关地安排在言语段落中。美国结构主义语言学就是这样形而上学地、片面地看待词，阉割词的词汇性质。正由于此，这个语言学派不能帮助人们学习词汇，也不可能去解决词汇学和词典学中的理论问题。

当然，词成了语法的一种单位，这个事实也绝不是可以漠视。词既一一个别地是语言建筑材料单位，又一般地、成类成类地是语法的单位，这词汇的和语法的两种性质特点是统一着的、互相作用着的，必须同时估计到，才能全面地把词的单位认识清楚。不过并不就双峰并峙，二水分流，这里还应当有个主次。词作为语言建筑材料单位本身的性质特点应该是本，要首先并主要从这里着眼。词作为语法单位的性质特点，是词在实现其语言建筑材料作用中所形成的，同前一方面的性质特点比较来说，不能不居于第二位；考察它们，对于正确、全面地确定词的单位起补充的、协助的作用，是必要的。

---

① 见霍凯特（Charles F.Hockett）的A COURSE IN MODERN LINGUISTICS，第123页，1959年第二版。

② 同上书，第168——171页。

（三）

在现实语言中，词通常是若干个一起在语流里出现，被组织为语句①。要确定词的单位，就必须从切分语流入手，看切分线划在哪里才合适，切分出的片段要具有什么条件或特质才是一个词。这是所谓词的分离性问题。假定在甲处切分出一个词的片段，同乙处（或者还有丙处、丁处……）切分出的另一个片段有很多相同点，那么还应该判断这两个（或多个）片段是否为同一个词，即判断是否各以词的不同代表身份出现在具体的使用场合中。这是所谓词的同一性问题。词的分离性和同一性，无疑是词存在形式上的两个互相作用而统一着的方面，是科学地解决词是什么的问题所不能不抓住的纲②。过去已有一些学者按照这个纲进行过某种探讨分析，是可喜的。本文承用他们的某些成果和经验，在这基础上，打算侧重从词汇的角度，看看如何循着分离性和同一性来确定词的单位。

从语流中切分出一个片段，我们要能够断定它是词（严密地说，断定它是词的代表，为叙述省便，只说"词"），须得满足两个条件：第一，它是一个完备的语言建筑材料单位，和相邻接的有组合关系的单位之间存在着意义上明晰的联结关系；第二，它自身内部没有这种意义上明晰的联结关系。

词不单是一般的语言建筑材料，而且它还必须是这种材料

---

① 有时只一个词单独成为一句话甚至一个语流。这不是普通的、典型的情况，而且这样的词更多的时候是同其他词一起组成语句的。

② 这样的纲，首先出现在斯米尔尼兹基（А.И.Смиринцикий）对于词的理论研究中。见其К вопросу о слове（1954年）一文。该文前一部分汉译（词的分离性问题），见陆志韦等著《汉语构词法》140—155页，1957年；后一部分汉译（词的同一性问题），见《语言学译丛》1 期，1959年，商务印书馆。

的完备的单位，否则不可能用来构造语句，在辨识上也不可能从语流中提选出来。所谓"完备"，是完整而定型，无论表现形式和意义内容都如此。具体地说，要有由确定的元辅音音位所构造的一定的语音形式，由它固定地表达出某个明确的可感知的意义。这种自身的完备性，还须得由这单位同其他单位的某种组合来表现和佐证：当组合并非混然融为一体或互相分离不开，并非某一方依赖于另一方，离开了另一方便不完整（语音形式上不独立、不定型和意义上不明晰或不能单独成立），而是相反，只是两个单位各自保持其个性地在意义上互相联结，完全可以通过两单位本身的意义及其相加联而理解组合体的含义，即此组合在联结关系上是明晰的，能使人清楚地感知，那么，这样的组合便可表明直接组成单位的完备性。比方，要在下面两个语流里切分出词来：

a，人民创造历史。
b，人贵有自知之明。

a例可切分为"人民/创造/历史"三个词，恐怕未必有谁会反对。这切分之所以合理，就在于分出的三个片段都明显地是完备的语言建筑材料单位：各自的语音形式是完整、定型的，各表达一个足够明确的意义；而"人民"同"创造（历史）"之间、"创造"和"历史"之间的意义联结关系，是明晰的，完全可以通过各个意义项及其联结而得出整个联结体的含义。词与词之间的界线之所以不可能划在"人"和"民"之间、"创"和"造"之间以及"历"和"史"之间，也在于同一道理的相反方面：此处六个单位都不是完备的语言建筑材料，一个个分开看，意义都不太明晰，不是用者所感知并直接用来造意的；

130

"人"和"民"的组合、"创"和"造"的组合，"历"和
"史"的组合，都融混一体，意义的联结关系不明晰，不能使
人意识到由两个意义项相加联而得出组合体的意义。b例的词的
切分线，要划在每一个音节之间，即"人/贵/有/自/知/之/明"，
因为这里切开的每个单位不但都以完整的语音形式固定地表达
一定的明确的意义，而且在相互明晰的意义联结中，表明它们
是各可分离开来单独成立的完备单位。

作为语言建筑材料，是否为完备的单位，这一条件把词同
一种接近于它而小于它的单位——词素①——区别了开来。词
素也是一种语言建筑材料，但是它的语音形式和意义内容都不
是完备的，因为它在语流中不能同结合着它的单位分离开来理
解和运用，不是直接用来构造语句的现成单位。特别要强调的
是，词素的意义不能单独成立以及本身不够明显，即通常不会
被一般人清楚地意识到，成为词素的不完备性的重要特征。

凭着是否具有完备性这一点，却还不能把词同另一种接近
于它的单位——词的组合体——划分开来，因为词的组合体也
可以从语流中加以提选，即同词一样地在语音形式上和意义上
可单独成立，也就是具有某种完备性。要确定词的单位，还必
须看出词有什么特点不同于词的组合体。

从语言建筑材料单位如何构成方面来看，这种特点不难发
现，就是词的内部不会有明晰的意义联结关系。词在意义上总

---

① 这里采用"词素"而不用"语素"，是为了把意思表现确切。语素是语言
最小的音义结合体，既有由若干个结合起来成为词的情形，又有单独一个成为词
的，此外还可以是语调。词素虽然一般来说属于最小的音义结合体（复合的词素，
如"发动机"中的"发动"之类，不能说"最小"），却只是构造词的组成单位，
一个单词就不好说也是词素。

是不能机械分解的，具有单纯性（就词的一个意义而言）。表明它是个构造紧密的单一体材料单位。词的组合体则相反，内中总有明晰的意义联结关系，整体的意义呈现出组合的复杂性，表明这个整体还不是紧密地凝合为一。比方：

关系	墨水	碰钉子
安全	冬瓜	政治流氓
国家	葡萄糖	省料
科学	黄菜	矮房子

每个音节（字）组都含两个有意义的组成成分，根据上述把词和词的组合体区别开的特点，可以鉴别这些音节组是否都属于词。左行各例，意义的单纯性相当明显，两个组成成分之间的意义联结关系是不明晰的，因此它们毫无疑问地是词。中行似乎能在不同程度上使人意识到两个意义成分的组合，但是整体的意义并不就等于两个意义成分的相加联（如"冬瓜"并非冬天的瓜，"黄菜"并不就是黄色的菜）；因此每一例仍是当中没有明晰的意义联结，它们都是词。右行的情况显得不同：每一例中两个意义成分的组合关联都是明显的；"碰钉子"虽然有着非字面的比喻的意义，但是字面意义及其组成结构仍极易于意识到。因此这行都是词的组合体。

单词绝不会有难以同词的组合体区别开来的问题；容易同词的组合体混淆不清的，只是不带词缀的复合词。词典误把自由词组当作词的词目，很多情形下就是由于没有分清这类复合词和词的组合体而造成的。意义组合上的不同特征，是把这两者区别开来所应该着眼和可以利用的一种标志。复合词好比化合物，不同的元素经过化学作用，已经结合为一种新的物质；

132

词的组合体则正如混合物，不同的物质仅仅混合在一起，各自的个性依然保持着。吕叔湘先生在谈到语言单位的同一性和层次的关系时，提出了一个有趣的比喻："$2H + O \rightarrow H_2O$ 这个式子里两处的H不同，两处的O也不同，因为所处层次不同：在前一场合是氢原子和氧原子，在后一场合则为水的分子的组成部分，处于不同的化学状态。"① 借以表明复合词如何不同于词的组合体，也是很恰切的。H_2O 象复合词，$2H + O$ 象词的组合体。指一种植物的复合词"红花"，不同于表示"红颜色的花"的"红花"，就在于前者的意义是"化合"成的，而后者的含义不过是两个单位的意义相加联；前者的"红-""-花"好比水的氢、氧成分，后者的"红""花"好比氢原子和氧原子。

在划分开复合词和词的组合体时，也等于把词和复合词词素区别了开来；因为如果一个语流片段是词的组合体，组成它的成分便是词而非复合词词素，反过来，这语流片段若是个复合词，其组成成分便只能是词素。因此，划分开复合词和词的组合体，同区别词和词素，实际上是同一道手续。这手续的目标都在于把语流中一个一个词辨定下来。

应当指出，词的组合体如是自由词组，同词之间的差别是比较大、比较明显的，因为它不固定，完备性很不充分；如果是固定语，同词的差别就小得多，因为固定语也是个完备的建筑材料单位。因此，分辨词和固定语需要作细致些的考察。特别是对那些真实含义不等于字面意义的固定语，应着重于考察字面意义的情形；只依据比喻的真实含义，是划不清这类固定语和复合词的界线的。

---

① 吕叔湘《关于"语言单位的同一性"等等》，见《中国语文》1962年11月号，486页。

133

容易看出，把词同词素及词的组合体区别开，在语流中把一个个词分切出来，要比较着重于看意义方面的情况。意义是语言单位的内容，是语言的性质、作用的根本体现所在。决定一种事物的本质的，主要是它的内容而不是它的形式。因此，要分辨出词的单位，只是一般地看意义还不够，必须着重从意义方面来分析才行。不过，也不能单纯地看意义而不顾形式，不与形式方面的考察相结合。上面主要从意义的方面来确定词的单位，尽管也照顾到形式，如作为完备的语言建筑材料单位须得有独立而确定的语音形式，但这样"照顾"是很不够的。在意义和形式统一的基础上强调看意义，不等于方法上就此完善，就此可以解决问题。也还需要找出确定词的客观形式依据。对于意义是否明显和能否单独成立，意义联结关系是否明晰，只凭感觉和经验从意义表现本身来判断，不能保证可靠；必须同时存在把对立的意义特征表现出来的不同形式特点，以之作为判断的客观依据，所下的结论才可避免主观性。

词总会有独立而确定的语音形式。独立性方面有助于把词素不明显、不能单独成立的意义同词的明显而能单独成立的意义区别开来，因为词素大多在语音形式上没有独立性。确定性方面可以成为词区别于自由词组的形式标志；自由词组的形式总不会是定型的。但是语音形式的独立和确定，也是固定语具有的特点，因此不能成为词区别于固定语的形式标志。当然，可以说，本身包含不止一个确定的、能独立的语音形式的是固定语，本身分不出这种语音形式一个以上来的是词。不过这不成其为普遍性的依据；原因在于语言中常有一些习惯上被看作复合词的单位，其各组成部分也可分离开而独立出现，而且本身的声音没有因之而异。如英语的messengerboy（童使）中

134

的messenger-和-boy可同样地单独出现，whitepaper（白皮书）中的white-和-paper亦如此。德语Eisenbahnwagen（火车）的Eisenbahn-和-wagen，Eisenbahntransport（铁路运输）的Eisenbahn-和-transport，单独出现时也可以具有同作组成部分时一样的音节和重音。现代汉语类似的情形很多，如"山羊""泉水""油桶""铁矿""清汤""红心""大刀"等等，每个单位包含的两个组成部分都可单独出现（如"山""羊""牛""肉"……），而且有一样的音节形式和声调。这些事实说明，毕竟不能根据是否有不止一个独立的语音形式，来区别词和固定语。不仅如此，相应地在部分情形下，语音形式的独立性也成不了词和词素的形式区别标志（如对于决定"山羊""牛肉"中的组成部分是词还是词素，不起作用）。有的学者以为词在语音形式上有重音或声调等特殊表现，指望以此作为确定词的形式依据，自然并不能达到目的。既然重音或声调同样地出现在作为某些复合词的组成部分里，它们就并非到处都是词的特定标志。

确定词的形式依据，应从其他地方着眼。对于语言形式，须要看得广些、完全些，不能只限于元辅音音位、音节、轻重音和声调等声音本身的范围。霍凯特提出："词是句子中由可以中断的连续点为界的任何语段。"[①] 这个按断有很大的启发意义（虽然也有毛病，后面再谈）。确实，一个语言单位，不论是词、词素或固定语，在语流中的前后起止处及自身内中有无停顿或习惯上可否停顿的情况，应是其语音形式方面的因素。凭着这个因素，分别词和词素、词和词的组合体，就有了

---

① 霍凯特A COURSE IN MODERN LINGUISTICS，第167页。

形式的依据。

　　词在和别的单位的联接处，无论是词开头还 是 终 止 的地方，的确会有或可以具有小小的停顿。不过这时词所在的语流要有正常的或较为缓慢的速度。词的内部，不论有无组成部分之间的联接，也不论说出的速度如何，都是不存在或习惯上不可有任何停顿的。反过来，等于说，一个单位如果是词素，它和相组合的单位之间不会存在停顿，而词的组合体当中则必然存在。停顿成为由它隔开的单位具有完备性的一种标志。一个语流片段，其中有无停顿，是它形式上、意义上是否都紧密地结为一体的表征。由于词是用于直接构造语句的完备的材料单位，在语流中通常又和别的词互相组合、互相联接，① 因而词与词之间必然有或可以有停顿；而词素是不完备的，总是互相组合着，因此词素与词素之间必不可能存在停顿。形成这种截然相反的对立，深入一步看，其原因是同意义特征的差异密切相关的：两个单位相互有着明晰的意义联结关系，决定了它们之间会出现或能够出现停顿；反之，意义联结关系不明晰，已形成一个新的单纯的意义，它们之间的停顿自 然 就 不 可能存在。由此，可以看出一种普遍的、简单的规则性现象：两个最接近的停顿必然成为词的起止界线。比方，若以∧表示语句内的停顿， ≪表示句子终了所必有的较长一点的停顿及语流开始前的停顿，上面举出过的两个语流会有如下情形：

　　　≪人民∧创造∧历史≫

　　　≪人∧贵∧有∧自∧知∧之∧明≫

这样标出词的单位，同以是否具有完备性来考察的结果是吻合

---

　　① 固定语也是直接造句的完备材料单位，因而它会与词联结，发 生 组 合 关系，但这时词仍与固定语开头或末尾词相连接。

136

的，也符合于人们的语感，说明起止的停顿是完备的语言建筑材料单位必有的一种形式标志。又如"铁路""马车""热带鱼""百货公司""山羊胡子"这类单位，是词不是词，引起过争论。从完备性条件来看，除"铁路"外，似乎都有明晰的意义组合，但若仅据此断定"铁路"是词，其余都是词的组合体，似乎不完全同语感一致，显得不稳妥。要是以内中有无停顿来检查，情形就立刻清楚："铁路""马车""热带鱼"当中都没有也不能有停顿，是词；"百货公司""山羊胡子"当中可以有停顿（"百货∧公司""山羊∧胡子"），是词的组合体。这同语感取得了一致，表明内中没有停顿是意义单纯性所必然有的形式表现；"马车"和"热带鱼"，实际上一个已具有单纯的意义，一个基本上形成了这种意义，它们之具有意义联结的可感知性，或者是词的内部形式的简单、明彻表现，或者是词与词的意义组合关系的余迹。

停顿与否，虽然成为确定词的可靠依据，但并不就是绝对的、唯一起决定作用的依据。形式的准则必须同意义的准则统一起来，结合起来，才能有效果。这样做，从消极方面说，可以避免以研究者人为的停顿硬充作事实，避免相反地把实有的或可能有的停顿抹杀掉；从积极方面说，能较可靠地保证所下结论的正确。比方，对一个语流片段（如"冬瓜"）初步确定其中有个停顿，然而却看到它无可置疑地具有单纯的意义，内中并不存在明晰的意义联结关系，那么就可以怀疑那个停顿是人为的。经过核实复查，有可能证实这一点。相反，若初步确定某个片段（如"牛肉"）当中不可能有停顿，而结合意义方面看，却发现意义的联结关系相当明晰，这时当事者自然会被提醒，对"不可能有停顿"的确定进行审查，或者发现它根本不对，或者得知它确实无误。在前一情形下，能确定这语流片段是词的组合体；在后一情形下，可断定是词或未完全词化的单位。如果停顿的肯定判断相应有意义联结关系的明晰性作为印证，停顿的否定判断恰好伴随有意义联结关系不明晰的事实，那么确定所考察的对象属于何种语言单位，当然就正确不误。

（四）

上面所提的霍凯特关于词的按断，是只从停顿形式来确定词的。这显然有缺陷。只看形式，完全不顾意义内容，不说理论上如何，实践上是难以真正解决问题的，至少也排除不了霍凯特所担心的"做作的"中断，又防止不了把可能的中断抹杀掉的错误。

与此类似，陆志韦先生也采取了从形式方面来确定词的观点和方法。虽然他表面上承认要把形式和意义结合起来，实际上却过于偏重形式，把所谓扩展法（插入法）看成确定汉语的词的唯一具体方法和依据。按照他的观点，一个语段凡能在当中插入成分而不致改变原来语法结构格式的，就不是词或不完全具备词的资格（词典不能收）；反之，不能插入成分的（即不能扩展的）都是词。插入成分与否，已越出了语言建筑材料的形式范围，而带有了语法结构形式的性质；另外，能否插入成分，当然是比停顿复杂得多又狭窄得多的依据条件。只依凭这个形式准则来确定词，必然有很多地方行不通，硬要"行"过去，也只是鲁莽灭裂的做法。象固定语，一般当中不可扩展，于是就被定为词，固定语和词的界线完全被抹掉。如"家庭教育""灯火管制""经济封锁""半路途中""算盘脑袋"

138

"讨没趣儿"之类，在陆志韦先生看来都是词。①这不符合人们的语感，难以被大家通过。至于音节更多而当中同样不可扩展的固定语，如"中华人民共和国""人民代表大会"，要定为词，更难说得过去，因而陆志韦先生对于这些单位不得不放弃扩展法的衡量尺度，只凭所含的各部分能够"独立"而定之为"词组"。②可见单以扩展法来划定词和非词的界线，不可能不碰壁。又象"羊肉""油碗""树桩子""马尾巴""电流表"之类，当中都可以插入"的"而扩展，但是陆志韦先生断定它们虽不完全具备词的资格，却照样是词。③什么原因呢？没有半点的说明。这不仅等于否定了扩展法在划分词和非词上的功用，而且充分表明了，撇开意义方面，只从形式着眼，终究不能彻底解决问题。

把停顿方面的情形同意义方面的情形结合起来考察，决不会出现这种困境，相反，会使确定词的道路比较通畅易行。关键就在于，所凭的依据既合理而又有普遍性，可以同样有效地用于辨析所有有关事实。特别是，那些性质仿佛不明而引起很多争论，有人说是词，有人说是词组的语段，从这种结合了形式和意义的客观依据出发来考察，都不难作出理由充分的并且大体符合于语感的论断。这主要是一些似乎介于复合词和词的组合体之间的语言单位。

两种接近的语言单位之间，存在临界的或过渡性的单位，是合乎事物发展的逻辑的。不少语言中确实存在着一些单位，

---

① 见陆志韦等著的《汉语的构词法》，第19页、27页、93页，科学出版社，1957年。

② 同上书，第30页。

③ 同上书，第22—25页。

既具有复合词的某些特点，又有几分象是词的组合体。在汉语中，由于形态较少，这种临界的和过渡性的单位自然就更多。用划分词和非词的上述原则和方法给以分析，只要实事求是，是完全可以把它们划归词或词的组合体的，或者能够揭示在何种情形下便具有何种语言单位的性质。分析汉语当中这样的单位，可分三类情形来看：

a，语感上比较象词，但是其中的组成部分都能单独成立，同分开来没有差别。如：

(a)

马车	油桶	茶杯	金表	眼镜	鹅黄	网球	法官
火炮	手笔	电镀	戒尺				

(b)

红心	自来水笔	羊肉	牛肉	大刀	清汤	紫菜
热水	冻肉	热带鱼	牛角	泉水	树苗	铁桶
青萝卜	红墨水					

对这些单位加以考察，可以发现，组成部分之间没有停顿，也不能有停顿，意义联结关系却还比较明晰。这里存在着两种不同的情况。（a）组单位，意义联结关系的明晰感其实是词的内部形式被明白感知，这内部形式两个关键点恰好分别落在两个组成成分上罢了；整个单位的意义并不等于两个组成成分意义的相加联。因此,既有个单纯意义,同时也不存在意义和意义的直接组合联结,足见这类单位是作为一个复合词来构造的,属于词并无问题,只不过组成部分能同样独立开来,因而表面上和词的组合体有点相近。（b）组单位，意义连结关系的明晰性是意义之间直接组合联结的表现，整个单位的意义是大体相当

140

于组成成分意义的组合联结的，或者形成在这组合联结的基础上。不过，这类单位形式上已构成一个紧密联结的整体，在此情形下，已形成了单纯意义的，就应该认为是一个词，没有形成单纯意义的，则是词的组合体在向词发展过渡中的中间状态，可以认为是个"准词"（看作"准语"也未尝不可，但是这不符合词化的发展趋势）。如"红心""自来水笔"，已有不等于组成成分意义相加联的单纯意义（虽然字面意义的相加联也存在），取得词的资格是不应有疑问的；"羊肉""牛肉""大刀""清汤""紫菜"等，也有了个单纯意义，虽然没有那么清楚，它已不等于两个组成成分意义的加联（如"羊肉"，既指生的，也可指熟的，包括其中可能带有的筋、骨头等东西，因此不等于"羊的肉"；"牛肉"也是如此。"大刀"不就是"大的刀"，而指一种特殊的刀；"清汤""紫菜"类此），因而这些单位应算作词；"热水""冻肉""热带鱼"，更使人感到意义上的单纯性质不明显，但是无论如何，它们的意义总还是不完全等于组成成分意义的相加联（"热水"所指的对象一般不包括沸腾的水，虽然100℃的水也是热的；"冻肉"并不指冰冻的鱼肉、鸡肉；"热带鱼"只指产于热带的能供观赏的鱼，并非热带所生存的所有的鱼），它们也应算作词。不同于此，"牛角""泉水""树苗""铁桶""青萝卜""红墨水""花生油"等，意义等于组成成分的意义之和，就是说，虽然形式方面已具有词的特征，意义方面却还保留着词的组合体的性质，表明还处于向词过渡的半途，因此只能是准词。

英语的messenger boy, 德语的Eisenbahn wagen、Eisenbahn transport之类，同汉语的准词比较一致；而英语的whitepaper则接近于"红心"，是单纯意义已相当清楚的词。

b，语感上象词的组合体，但或者个别的甚至所有的组成部分不能单独成立，或者形成了不同于字面意义的另一意义，或者兼有这样两种情况。如：

(c)

彬彬∧有∧礼　　文质∧彬彬　　春∧寒∧料峭
居心∧叵∧测　　映∧入∧眼帘　　道貌∧岸然
航空∧母舰　　生身∧父母

(d)

碰∧钉子　　穿∧小∧鞋　　走∧后门　　蛇∧吞∧象
随∧风儿∧倒　　宝贝∧疙瘩　　兔子∧尾巴
含∧沙∧射∧影

(e)

亡∧羊∧补∧牢　　瞠∧目∧结∧舌　　唯唯∧诺诺
铤∧而∧走∧险　　司空∧见∧惯　　甚∧嚣∧尘∧上
磨∧杵∧成∧针　　淋漓∧尽致

这些单位，每个内中都具有或可以有小的停顿。(c)组虽然有着不能单独成立的组成部分（用〰表示），从完备性看，不无接近于词的特点，但是为停顿隔开的组成部分之间存在着明晰的意义联结关系，还没有形成非字面的另一个意义，因此主要性质决定了应是词的组合体。(d)组都含有非字面的意义，但是字面的意义并没有消失，仍可感到为停顿隔开的组成部分之间有着意义联合关系，并且各组成部分又都可单独成立。从主要性质看，这样的单位属于词的组合体也是不应有疑问的。（e）组既有不能单独成立的组成部分，又有非字面的意义，

142

150

这是近于词的因素；仍然存在的字面意义并不单纯，组成部分之间的意义联结关系依然明晰，且其间有停顿的表征，这些特点又使它们近于词的组合体。把两方面权衡一下，符合于词的组合体的特点毕竟比符合于词的多些，而且重要得多，因此可以把这组单位确定为词的组合体。

其实，（d）（e）两组都是严格意义下的成语。这说明，确定它们为词的组合体，完全合理；否则，若把它们看作词，就等于取消了汉语的成语，而这是无论如何站不住的。

c，既作为一个溶接为一体的单位而出现，又可当中破开，插入别的成分；在这两种情形下，是一个词不是，语感上不同。如：

（f）

拿起——拿得起　拿不起

收回——收得回　收不回

叫醒——叫得醒　叫不醒

打倒——　╱　　打不倒

看破——　╱　　看不破

干裂——　╱　　干不裂①

（g）

鞠躬——鞠完躬　　鞠一个躬　　鞠一次躬……

洗澡——洗完澡　　洗一个澡　　洗一次澡……

丢脸——丢够了脸　丢大家的脸　丢一次脸……

（h）

_____

① "打倒""看破""干裂"当中插"得"的说法是蹩扭的，实际上绝少这么说。

敬礼——敬完礼　　敬一个礼　　敬两次礼……

上课——上完课　　上一堂课　　上一次课……

下课——下这堂课　下十点的课　下第一节课……

（f）组单位,没有插入成分时是汉语构词学上的所谓后补式,当中没有也不可能有停顿,虽然组成部分能单独成立,互相间的意义联结关系有某种程度的明晰性,却毕竟具有了浑然一体的意义,因此这时基本上是个词;当插入了成分而破开时,自然意味着组成部分之间有了比停顿还甚的分隔形式,而意义联结关系也变得完全明晰,浑然一体的意义已随之而消失,这些组成部分就不再是构成一个词。简单地说,合时是词,被成分分离开时则大于词。陆志韦先生把这种词称作"离合词",①是恰切的。不过,由于能够插入的成分只是个别特定的词,表明两个组成成分的接合较为稳定,因而"合"比"离"要强些。

（g）组和（h）组,没有插入成分时是汉语构词学上的所谓动宾式,当中也不存在停顿,是同样有理由看作离合词的,只不过插入的成分可以多种多样,表明"离"的性质很强,两个组成部分的接合不够稳定,可说是半离半合。但是(g)组在合的情况下,不但当中排斥停顿,而且意义的联结关系已不明晰,甚至已形成一个单纯的意义,所以较充分地具备词的基本条件。而（h）组,合的时候,组成部分能各自单独理解,相互之间的意义联结关系很明晰,只有内中不停顿这种词的形式标志,据此,可以说它们是离合式准词。

　　德语的所谓可分动词,实质上也就是一种离合词。它们在不定式中,前缀auf-、ein-、aus-、zurück-等等和词根是 接

---

① 见《汉语的构词法》,第79页。

合起来的，其间没有停顿，这是"合"，基本上具有了词的资格；当变位时，auf、ein、aus、zurück等是分离开来而后置的，在现在时和命令式中甚至放到句末，这是"离"。

离合词是词的组合体向词转化而未能成熟的明显表现。把合起来取得词的整体形式的不同语言单位看作词素，当它们各自完全分离开来使用时，则把它们每一个看作词，这同人们的语感基本上能取得一致。

从词典确定词的词目来看，上面b类单位自然应当排除。a类和c类的也并不都能被词典所收，要斟酌不同的情况来定。这里，决定取舍的因素，与其说在于词的成熟程度，不如说在于意义理解上的难易程度或释义的实际价值如何。词典既是检词的和帮助读者掌握词的工具书，人人懂得的复合词就不必收进去。一般说来，c类的后补式和成为准词的一部分动宾式，意义基本上可从组成部分直接了解，是比较浅白的；a类单位，组成部分同它单独分出来含同样的意思，也非常浅白，数量又极多，尤其准词是如此。因此，这些部分的词，一般可以不必收为词目。但是往往会有一些例外或特别情况，不能这样处理。如a类的"青萝卜"，南方人大多不知道指的是什么一种萝卜，需要词典解释；"冻肉""泉水""热带鱼"等，都有必要向读者介绍所指对象的特点和范围。又如c类后补式的"看破"，似乎也是需要给一般读者说明其含义和用法的。

a、b、c三类临界的和过渡性的单位，是通常在汉语当中划分词和词的组合体时所遇到的主要障碍。上述表明，依据从形式和意义特点来区别词和词素、词和词的组合体这一词汇性的原则，对停顿情况和意义联结情况统一进行考察，能够把临界的和过渡性的单位分析妥贴。因此，在汉语的复合词和词的组合体之间，可以划出一条明确的界线。在语流中划分出汉语全部的词，是可以做到的。

不过，应该指出，单凭词汇的方法，有时会显得笨拙，而且往往不易做到精确、严密。要弥补这方面的不足，必须同时也采用语法的方法，它是协助性的，起到便利和充实理据的作用。

首先，构形法成分和普遍应用的词缀，可以成为词的明显标志。两者都是语法不同程度地支配词的手段。不言而喻，构形法成分所依附的和作用所及的语流片段，必然是词。形态丰富的印欧系语言，其大部分实词，能只凭这些成分而轻易地从语流中识辨出来，无需费力地作词汇方面较为复杂的鉴别。这是走捷径。现代汉语中，凡是重叠着而其间又无停顿的单位（如"地面扫得干干净净"），就可断定为词。因为重叠是汉语动词、形容词和单音名词的一种形态变化方式。汉语轻声的"们、了、着、过、来、去、起来、下去、来着"等，都是作用上同印欧系语言的词尾相近的构形法成分，利用它们，能迅速看出，所依附的单位是个词。

普遍应用的词缀，往往实际上规定了所在的词的语法类别，因而凭着它们总是处于词的开头、结尾或当中的地位，也能为判定一个词提供有力的根据（如"这样子不错"，"不象老大干得欢""不能糊里糊涂"——"样子""老大""糊里糊涂"必是词）。不过，由于有的派生词还可以再结合上词根而构成新的复合词（如"冰棍儿"），词缀在判别词的作用上有一定的限制，情形不那么简单一律，须要同停顿情况的考察结合起来才能有效。

语法原则和方法的利用，在汉语里较有普遍意义的是句法

146

关系的检验。两个发生意义组合关系的单位如果是词，其间就存在一定的句法关系，两者的联结必表现出某种句法结构。但是，句法的关系和结构，在象汉语这样的语言里，往往同复合词中词根之间的结合关系及结构形式表现得一样。因此，对于已初步肯定内中有停顿的、由两个词联结成的片段，可试在其间插入虚词或实词而保持原来的结构关系及意义联结关系，如果这能行得通，就证明原片段中联结的两个单位确实是分隔得开来的组合单位，彼此间存在着句法关系。如"我手"→"我的手"，"绿叶"→"绿的叶"，"吃饭"→"吃热饭""吃一顿饭"。这是所谓扩展法，不过和陆志韦先生运用的原则有所不同。第一，它不是区分词和非词的决定性准则，而只是协助证明一个语段是不是词的手段，须得以词汇方面的考察，特别是有无停顿的情形，作为前提。内中无停顿的语段，一般不能扩展，在可以扩展时不能证明不是词，而只能说明是个准词或离合词。扩展施之于内中存在停顿或可有停顿的语段，也有一定的限制：遇到固定语，就不能加以扩展，这不能扩展，由人们的语言习惯所决定，同语段中有无句法关系并不相涉，因而丝毫无助于说明这个语段是不是词。

（五）

从同一性方面确定词的单位，比较起来，没有分离性方面那么困难和复杂，容易引起争议的地方也不那么多。但是仍存在一系列问题。

首先，说词的同一，当然就有被认为属于同一个词的不同表现。这不同表现可能涉及哪些方面？它的不同有什么样的限度，以便在越出限度的情形下看出不属于同一个词？

147

两个问题需要分开来看。

有的研究者已提出，同一个词的不同表现可能有语法形态的、意义的、语音的三个方面。其实，从两个不同层次的角度来概括，才比较确切。这就是，可能涉及语法方面，词汇方面，这是一种层次；换一个角度，可能涉及意义方面，语音形式方面，这是另一种层次。语法或词汇方面都具有意义和语音形式；意义或语音形式都不外属于语法现象和词汇现象。因此只需要取一个层次进行观察。为便于结合意义和形式来看问题，取语法、词汇的层次较好些。

词在语法支配之下，往往会表现为若干种不同的状态，即形成不同的变体。① 形态变化是这类变体的常见情形。但是，词的语法变体并不只是那种带有变化的形态的。一个词出现不同词性的情形，不一定同时带来不同的形态，却总是不同语法变体的表现。无论如何，只要在不同语流或不同语段中出现词的不同语法变体，单从词汇角度而不兼取语法角度来分析和综合，就有可能把语法方面的歧异误为词汇性质的，从而把词的单位确定错。因此就词的同一性这个方面看，配合以语法的角度来确定词，是必要的。

从语流中分离出的"词"，如果彼此只因分别出现同一语法范畴的某个形态（包括零形式）而不同，别无差异，那么它们便是同一个词。这在现代语言学界未必还会有什么疑问。如果形态变化不以实现在同一个词的范围内为条件，就无所谓构形法。波铁布尼亚（А.А.Потебня）把词的形态变化的每个

---

① 严格来说，"变体"这个术语用在词的同一性方面并不很确切，因为难以说明词的哪个状态是同变体相对待的"本体"。但是在有关词的同一性问题的讨论中，"变体"一词已用开了，要另创一个贴切的术语似无必要。因此不妨沿用它。

变体看作个别的词，①布龙菲尔德根据他的"词是最小的自由形式"这一定义，也认为这样互有不同的形式（如do——did——done)便是不同的词，②这种观点早已为语法学的研究实践所否定，连布龙菲尔德的一些学生也摒弃了它或大大改造了它。

从构形法的角度来看词的同一，必须依靠着词汇角度的考察，以它为基础和条件。不言而喻，构形法角度的分析和判断，须得有同一的词干作为中心依据，以看出依附于它的构形法形态都有哪一些，并确定这些形态所造成的语法变体在词汇性质上是同一的单位。因此，词干的同一是判定不同的语法变体属于同一个词的前提。而词干是含有词汇意义的单位，体现着词的词汇性方面的特点，它是否同一，当然就只有作词汇角度的考察，才能确定。词干以及性质一样的根词，在同一性上的种种情形，正是词的同一性在词汇方面的表现；对之从词汇角度加以分析，无疑同语法角度上对词的语法变化的分析紧密关联，两者必须结合起来。

词干或根词什么情况下是同一，什么情况下不是同一，这是问题的关键所在。根本上须得明确，同一词干或根词表现上的歧异所应有的限度，即明确词干或根词的同一以什么为条件依据，能够容许的歧异只能是什么性质的。

由于词干、根词的词汇意义和语音形式都是词汇性单位的基本构成因素，因而同一词干或根词出于词汇意义、语音形式的歧异而形成的不同表现状态，就是词汇性的变体。当然，词干的某一变体联结着构形法形态所形成的整个单位，既是词的

① 见波铁布尼亚 ИЗ ЗАПИСОК ПО РУССКОЙ ГРАММАТИК，第4卷，96页。

② 见布龙菲尔德LANGUAGE，178页。

149

语法变体，也同时是词的词汇变体。根据词作为语言建筑材料单位须得完整而定型的要求来看，词干或根词的歧异只要没有影响到材料单位的完整性和定型性，即不至于破坏构造面貌上的一致，那么这就只是形成若干词汇性的变体，可以归纳为同一词干或根词。反之，如果由于出现的差别而不能形成一个构造上一致的材料单位，就不能视作同一。这一界线，可具体从三类差别情形来看：

a，音、义都有不同。通常，若词汇意义上出现的差异同时伴有语音形式上的区别，就形成两个材料构造不同的词（词干）。因为形式不同之处，总是把意义的区别巩固下来，成了表示不同意义的整个形式的必要组成部分，这种情形自然造成材料构造上的个性特点。例如"老头儿"（lǎotóur）和"老头子"（lǎotóuzi），"磨成"（móchéng）和"磨蹭"（móceng），指男性成年人的"男人"（nánrén）和指丈夫的"男人"（nán-ren），指用手抚摩的"摩挲"（mósuō）和指用手轻按着而一下一下移动的"摩挲"（māsa），互相之间在意义上和形式上都有不同，虽然差别的程度不一，存在这样两种差别却足可形成材料构造上的不一致；因此须把它们看作不同的词，文字写法上的相同也丝毫不能造成"同一"的事实。① 音、义都有差异而仍是同一个词（词干）的情形，在实际中还难以找到。

b，音同义不同。在语音形式相一致的情况下，意义上不同，或者会是两个不同的词（同音词，同音词干），或者会是同一个词（多义词，多义词干）。这里的界线在于、不同的意义相互间有无源生上和语感上的关联。比方，有"太阳"义

---

① 顺便指出，中国社会科学院语言研究所编的：《现代汉语词典》(1977)，设两个"男人"和两个"摩挲"的词目，表明各看成两个不同的词，那是十分正确的。

的"日"，有"白天"义的"日"，有指一昼夜二十四小时的"日"，有日本国略称的"日"。第二个"日"的意义源生自第一个"日"，第三个"日"的意义则来自第二个"日"，在语感上，相互又存在着一定的关联，因此三者是同一个多义词的词汇变体；每个变体只具有词的意义综合体中某个意义的方面，但都是这个词在运用中实际出现的状态。第四个"日"的意义，同第一个"日"的意义有历史上的渊源关系（古代以为日本为日出之地），但是现代一般汉人在语感上不会觉得两个意义之间有关联。至于第四个"日"的意义同第二、第三个"日"的意义之间，既没有渊源关系，语感上更不相干。由此可以确定，指日本国的"日"是另一个词。又如，指绕地球转的天体的"月"和指时历单位的"月"，意义上是有渊源关系的，但是近代以来，意义语感上的关联已逐渐消失，应该认为两个"月"是不同的词。分辨多义词和同音词的主要对象，就是这类从多义词向同音词演变的词。至于诸意义的关联很明显的（如"队伍"的本义和转义）或各意义彼此显然不相干的（如"世故"和"事故"），都极易看出性质来。源生的关系，是历史的事实，有客观的历史依据；语感上的关联，就只有依靠对一般人的语感的正确了解。

c，义同音不同。不外乎两类情况：一类是同义词，包括所谓等义词在内，①都是不同的词；另一类是词的异读，没有越出同一个词的范围。两类性质区别的焦点，在于语音形式如何不同上。如果不同造成了词（词干）的材料构造的差异，那么只

---

① 不算等义词，一般的同义词既然意义并非完全相同，只是基本意义一致，是本应放到音、义都不同的a类里去的，但是考虑到它们有"同义"之称，置于c类中来作比较要更好些。

能是不同的词（词干）；反之，差别只是个别音位的歧异而并非整个材料构造有别时，自然就没有理由不看作同一的词（词干）。等义词，如"教室"——"课室"，"馒头"——"馍"，总是材料构造上有差异；即使如"讲演"——"演讲"，"力气"——"气力"，这类词素顺序不同的等义词，也是构造形式有别。同义词，单从意义方面讲，既然基本相同而又有小异，也是可以给词的同一提供条件的，但是同义词之为不同的词，就正在于语音形式的差异总表现为材料构造的不同。① 词的异读现象，可分为两种，性质并不一致。一种是条件的异读，如"雀"，书面语中读为què，口语里说成qiǎo；又如"谬"，书面语的读音是miào，口语只说成niù。在书面音和口语音相对立的情形下，存在着语体色彩的差异，但是意义上还是基本相同。另一种是自由的异读，两个有差别的语音形式同时并存，不因条件而异，多由于方言的影响或语音形式处于变化过程而造成，所表示的意义完全一样。如"波浪"或作bōlàng，或作pēlàng；"期待"或作qīdài或作qídài。两种异读，语言形式没有大的差别，整个来看仍然互相接近，且有共同的成分，而意义方面又等同或基本相同，显然在构造材料上还是一致的。因此，词的异读应是同一个词分化为不同的词汇变体。②

---

① 有少许例外的情形：语言中会存在个别同音的同义词，如"界限——界线"，"联接——连接"。它们之为不同的词，是由于词义有差别，这差别也决定于材料构造的不同——某个词素不相同，只不过不同的词素是同音的罢了。这样的同义词，音同而意义微有差别，有可能发展为一个词。

② 条件的异读，可与音近义近的词作一比较。比方，意思是"夹在中间动不得"的"卡（qiǎ）"和意思是"把人或财物留住不放"的"卡（kǎ）"，音相近，意义也相近，仿佛在不同意义的条件下而有不同的音，而且前者多用于口语。但是这里，由于两个意义之间并没有同义关系，因此这两个"卡"不是异读，而是不同的词。把自由的异读同等义词加以比较，也可看出，自由的异读之所以是同一个词，决定于它没有材料构造上的区别。

152

明确了词在词汇方面同一和不同一的界线，对于分析词在语法歧异上的同一性问题，尤其是词的不同词性的歧异问题，起重要的、根本条件的作用。因为只有词在词汇上同一，才能谈它的语法上的变化；而词表现为不同词性时，也常伴随有词汇意义的差异。

汉语在词的语法歧异上，表现为不同词性的情形，比形态变化的情形要多而普遍。兼有不同词性的词，之所以能是同一个词，是由于词汇方面总是保持一致：通常，词干（根词）的语音形式不会有歧异；词汇意义在许多时候没有差别（如动词的"思考"和名词的"思考"，动词的"改造"和名词的"改造"），出现差异时彼此也还是接近的，并且存在源生上的关系和语感上的关联（如形容词"革命"的词义〔具有进行革命的意识和表现的〕同动词"革命"的词义之间），即总是能够综合一起，表现为一词多义的性质。如果在词性不同，语音形式（甚至文字上）没有差异的情形下，词汇意义相互间差别较大，语感上没有关联，那么就只是不同的同音词，并非同一个词兼词性（如动词"宿"〔过夜，夜里睡觉〕和形容词"宿"〔一向有的〕，动词"速"〔邀请〕和形容词"速"〔快〕）。

有的词典，往往或者由于不明确一词兼词性和同音词彼此不同词性的区别界线，或者出于节省篇幅起见，把不同词性的同音词只合设为一个词目。比如《简明德汉词典》（中山大学外语系德语专业编，1964年，商务印书馆）feiern 这个词目，先注出及物动词的两个义项：庆祝，致敬，接着就注出不及物动词的义项：休假。又如einhalten，先注明及物动词的意义：遵守，履行，依照，跟着注明不及物动词的意义：停止，中止。这样处理不见得合适。《现代汉语词典》在词目的安排

153

上，区分一词兼词性和不同词性的同音词，是做得很好的。凡不同词性的词汇意义相互接近而有关联，就只设一个词目，象一般多义词一样地排列不同义项；反之，就分设两个同音词的词目：例如：

〔扑跌〕pūdiē①武术中的相扑或摔交。②向前跌倒：他脚下一拌，～在地上。

那nà指示代词，指示比较远的人或事物。……

那nà连词，跟"那么③"相同：～就好好儿干吧！……

很清楚，"扑跌"的两个义项分别是作名词、动词来解释的；两个"那"，虽然在词典中是字头，实际却处理为两个词性不同的同音词。

在同义词词典中，一个多义词由于它的各个意义常有不同的同义词系列，因而它可以重复地作为词目而出现。这是必要的。对于普通词典来说，同一个词分成不同的词目，或者相反地把同音词并为一个词目，就不适当。普通词典必须在词的词目上准确地反映语言实际中词的同一和非同一，以便给读者以关于词的正确认识和明晰印象。

关于词的同一性，最后还应该提到言语特点的问题。同一个词在不同的个人言语中，语音形式方面往往带上个人口音的特点，意义方面也常会有个人的使用变化，个人的主观理解或感情色彩。这些都不是社会共同的、约定俗成的东西，不属于语言，因此不入词的同一所应有的各种变体的范围。反过来说，词的同一是用不着去管词在个人言语中的各种差异情况的。

（六）

上面从分离性和同一性两个方面，又从词的词汇性质和语

154

法性质两个角度，对于词是一种什么单位的问题作了探讨。这一探讨还很不深入，但是由之看出了词的各方面的性质特点。把它们综合起来，能据以给词作一个类似定义的集中说明。

可以说，词是一种完备的语言建筑材料单位；在语流里，它的语音形式始尾处会有停顿，而当中不能有停顿；在不同的语流里，它可因形态变化而有部分形式的歧异，其余部分虽可能出现差别也总是保持材料构造上的一致；它的意义在每个语流里总是单纯的，本身不含明晰的意义联结，而是同所组合的意义之间存在这种联结的表现，在不同的语流里，它的意义可能有区别，但因彼此有源生上和语感上的关联而可形成一个意义内容综合体。这个说明，能否称得上词的定义，并不要紧。它的目的只在于简明地揭示词的根本性质及它据以同其他语言单位区别开的特征，从而给确定词的单位提供清楚的依据。下定义，尤其是给词下定义，要做到完满和理想，恐怕也很难。列宁说过："所有定义都只有有条件的、相对的意义，永远不能包括充分发展的现象的各方面联系"。① 因此，追求词的定义，未必适当；要紧的是，对于词区别于其他相近单位的性质特点，要有全面的、正确的了解，从而能解决具体问题。

对于编纂词典来说，这种了解会导致以词为词目做到正确不误。词典编纂者只要掌握把词合理地一个个确定下来的原则和方法，就能够恰当地选定充作词目的词。解决了这一实际问题，对于完善词的理论，也会起到推进的作用。反之，词的词目如果定得不正确，违反词的划定原则，对于词的确定必然会直接或间接地产生消极影响。这种违反情况的主要表现，前面

---

① 《列宁选集》第二卷，第808页，人民出版社。

155

已揭露过不少。下面，有必要再补充举出以词为词目的其他几种不适当的安排；把它们改为合理是需要的，而且也完全可能。

a，词的和固定语的词目同样地表现，交错排列。汉语的词典，由字头带出的词目，往往除了词之外，还有固定语。这些词和固定语，现代的排列法，不分先后、统依音序来排列的较多。如果词的词目或固定语的词目有个特殊的标志，足以使两者互相明显区别开来，那么统一音序的排列原是比较理想的。但是有这种标志（如词的词目标明词性）的情形并不多见。在没有任何区别标志的情况下，词和固定语便被处理为完全同样的单位，两者之间的界线被弄模糊。如《汉语词典》"革"字下先后列出如下词目：〔革面洗心〕〔革命〕〔革命党〕〔革蜂〕〔革退〕〔革囊〕〔革履〕〔革故鼎新〕〔革新〕〔革职〕〔革除〕〔革蒠〕。这里的词（革命、革命党等）和固定语（革面洗心、革故鼎新），无论在符号文字的表现上还是注释的体例上，都没有丝毫差别。读者如果语言知识不多，会误以为所有这些词目都是词。如是混而不分，恐怕是编纂者未划清词和固定语的界线所致。退一步说，如果只是由于未能给词的词目标明词性，那么改进的方法可以是给固定语加设标志，或者把词和固定语分开排列。

b，同一个词的不同写法，分列为不同的词目。这是把文字表现上的歧异同语言单位的区别混淆起来。如《汉语词典》同列有〔哊耐〕〔颇耐〕两个词目。〔哊耐〕解释以"同'叵耐'……"，〔颇耐〕解释以"同'哊耐'；亦作颇奈"。可见同一个词其实有四个不同的写法，也许感到不能太过累赘，而没有把它们都列为词目。《中日大辞典》把异体写法收为词目的情形非常之

156

多，如有〔老杆〕〔老赶〕，〔老油子〕〔老园子·〕，〔老茧〕〔老蹇〕，等等。词典编纂者的出发点可能是好的，是为了便于读者查检词的某个写法。诚然，在编排体制方面需要考虑尽量便利于读者；但是，词目应该反映词汇单位，同一个词不能分设为不同的词目，这是普通词典编纂法上的一个基本原则，必须遵循贯彻，不然，词的区分就不能在词目的区分上表示出来，词典的作用会因之大受损害。词仅止在书面文字上表现出歧异，读音和意义都没有任何差别，那就只是书写符号上的问题，根本不是语言单位的变异。把词的不同写法分列为词目，理论上是不正确的，实践上也不可取。为了方便读者查检，可将规范的或较常用的一个写法标为词目，其余写法附于该词目之后；或者再另附一个查检异体写法的索引。

c，一个词目既列有把它作词来解释的义项，又同时列有把它作自由词组来解释的"义项"。这种混杂的作法，使得词目究竟是不是一个词，显得暧昧不明，因为各义项总应是同一个单位而有的意义。如：

〔要命〕①使丧失生命。②不得了，极。例痒得要命。

〔养子〕①生育男孩子。②收养的儿子。

（《四角号码新词典》，1977年修订重排本）

〔不类〕①不似。②非良善之类。

（《汉语词典》）

三个词目的①"义项"，都是自由词组的解释，②义项才是词义解释。词典编纂者主观上可能意识到这一点，有意使一个词目兼表示词和自由词组两种不同单位；但是也可能没有这种意识，分不清词和自由词组的界线，把自由词组的意思混作词义。一般的读者大概从形式上会误信是同一个语言单位有两个意思。不论如何，把自由词组的意思引入义项，是不够妥善的。尽管有表明同一个书写形式片段含两种不同意思的好处，但是同时却使词的词目性质混杂不明，还给词的观念带来混乱。自由词组根本上不应收入一般词典；自由词组的意思，是不必介绍的，只要了解所包含的词，意思自明。新近有的详解词典，对于词目可作自由词组理解的意思，概不介绍，这是很正确的。

（《语言研究论丛》第二辑，

1982，天津人民出版社）

158

词典字头的性质及其释注

（一）

现代通用的汉语词典及汉语-外语词典，一般除了词目，还设有字头。从实际处理的情况来看，字头仿佛也是一种词目，不仅标音，还同样地释义。例如：

> 箴（ㄓㄣ。真）①规戒。②文体名。③同"针"。
> 〔箴规〕ㄓㄣ《ㄨㄟ犹言规戒。

（《汉语词典》，1957年重印本）

> 篼dōu　竹藤、树条等做成的盛东西的器具：背～。
> 〔篼子〕　dōu·zi　用竹椅子捆在两根竹竿上做成的
> 　　　　　　　交通工具，作用跟轿子相同。

（《现代汉语词典》1978年版）

这里，字头实际上就是单音词词目，同带出的双音词词目并没有任何实质上的差异，不同只在印刷的字号和编排款式上。但是，有时字头又明显地不成其为词，被编纂者有意识地只单纯作为一个字来处理。如：

> 炘（ㄒㄧㄣ。欣）见下。
> 〔炘炘〕　ㄒㄧㄣ　ㄒㄧㄣ　光盛貌。
> 玻（ㄅㄛ·玻·）见玻璃条。

（《汉语词典》）

159

在同一部词典中，字头有的象词目一样，有的很不象，那么从理论上说，字头是否都代表词汇单位？代表什么词汇单位？或者从词典的编纂体例来说，字头算不算词目？是一种什么编排单位？这样的问题，应很好地给以回答；不然，词典的字头体制就缺乏明确的科学原则，难以统一和完善。

由于字头的性质一直不十分清楚，字头应当如何确定和处理，不同的词典见仁见智，各有方式。特别是对有义可解的字头所作的释注，更是式样各异。如有的把一个字头所能够解释出的意义一概列出（如三、四十年代出版的《辞源》、《辞海》），有的对代表词素的字头只标音，不释义（如《汉语词典》，"芯"字头下说："见蜡芯儿、芯子条。"）；有的把彼此毫不相干的意义都设为同一字头的义项（如《四角号码新词典》，1977年修订重排本），有的把这样的意义分属于不同字头，即设同音同形字头（如《现代汉语词典》）。这种情形，自然就向词典学提出了关于字头的地位和作用以及对之如何释注等一系列问题。

（二）

首先，设字头的作用需要明确。

字头的体制是现代的汉语词典及以汉语为词目的对译词典才具有的。它适合于汉语的文字体系和词语构造特点。只有表意的、读音恰是一个音节的方块汉字，才有可能和必要设为字头。汉语绝大多数的词所由构成的语素①是单音节的，汉语又有很多只含一个语素的单音词，表现为文字都是一个方块字。

---

① "语素"概念上理应不同于"词素"。它泛指语言最小的音义结合体，包括词素、单词。句调等。一个单词不好说是个词素，要看作语素才才合理。

这样，显然能够确立大量含有意义的字头，由之带出成列在读音上、意义上都有关联的词语。

从汉代直至明清的词典，都还不懂得设字头，因为人们未认清词和字的区别和关系。至于字典，既然所编排和释注的是一个个字，自然不可能有什么字头。但是，历来字典设部首的编排法传统，却给现代新兴的词典以设字头的有益启示。字头虽然并不是部首，却能成为一列词语共有的开头书写单位，自身又独立成字，可按部首来编排和查检，这就同过去字典的部首近似。因此，可以认为，现代中国词典的字头体制是历代字典的编排检索法的改造和发展。

据此容易看出，字头的基本作用在于：作为编排词目的一个轴心，使词目在字的标识上分组排列，使读者能够方便地按照部首和笔画寻检词语。凡需凭借字形特点来编排和检索词目的词典，如所有的部首词典以及四角号码词典，其中的字头就充分显示出其基本作用的重要性。另外，字头还有其他几种作用：第一，把一个个方块汉字介绍了出来，给读者查阅和学习字形、字音、字义提供了方便；第二，大多数字头代表着一个词，因此设字头实际上等于能介绍出全部单音词；第三，能在一定程度上暗示所带出的词目在结构方面和意义方面的共同点和相互的关联。这些作用使得汉语的字母音序词典也有必要设置字头。

从字头的全部作用，可以比较客观地弄清字头的性质。无论是部首的、四角号码的还是音序的词典，所列出的字头都是编排和检索词语的枢纽单位（虽然作为枢纽的程度有高有低）。它们尽管也处于词典的编排系列中，本身却是个字。这样的字虽然大多数代表着词，但是也有一部分只代表词素甚至仅仅代

161

169

表并无意义的音节，因而它们不等同于词典的词目。它们之被称为"字头"，是反映了它们的根本性质的。字头是词典中同词目——词语编排单位——相对待的文字编排单位。不过必须同时看出，字头往往同一定的词汇单位密切因应。就大部分情形而论，它实际上是一个语素的文字表示形式，如果概括所有的字头，把少数表示音节的也考虑进去，那么可以说，字头表示着一个多音词语的开头部分或一个单音词，是词汇单位局部的或整体的文字形式。

因此，字头虽然从其基本性质看，是文字性的编排枢纽单位，这单位却还具有一定程度的语言性质。实际上，词典对于字头的处理，一般也并不单纯把它作为字来看待。最明显地表现在：不对字头作字形结构的说解，但是标注读音，解释含义；对于没有任何含义的字头，只是标音，说明见某某出现此字的词目。字音实际上是单音语素或音节的音，字义是语素的意义，都为词典所注重；而字形结构由于纯属于文字本身，就不作任何说解。因此，实际倾向于把字头看作语素或词形某个音节的代表。如此处理，强调了字头代表语言单位方面的功能，是符合于字头的性质和作用的。

借鉴于传统的字典，确立了字的编排单位，但是又力图使之带上代表语言某种单位的性质，主要是代表语素，以同词目调和一致，这是字头体制表现出的特点。应该说，字头语素化的倾向是自然而合理的。若把字头只放在字的平面上来处理，就不能形成词典统一的体制，会弄出一种不伦不类的"词典＋字典"的混合物来。现代新型的字典，也已把排列的字主要作为语素的单位来看待。如《新华字典》（1971年修订重排本），侧重的实际上是词而并不是字。它对于凡不能或不曾用作词的

162

字（如"峋""褛"），概不说解；双音词的前一个字，若不是词素（如"腽肭"的"腽"，"尴尬"的"尴"），则不单独列为条目（而是列出整个双音词）。因此，虽然形式上立为条目的大都是字，实质上所要解释的是词——主要是单音词；字目绝大多数已具有词目的性质。

字典条目向词目靠近的事实从侧面说明，词典的字头语素化或大多数转为单音词词目的趋向，确实是合理的。

（三）

从字头的性质和作用，特别是语素化的趋向来看，目前词典对于各种字头的具体处理，在释注的体例上似有不少地方需作改进。

对于不代表语素而只表示音节的字头，有的词典处理的方式是较为凌乱的。对一部分标音之后只注明"见下"（下面带出的词目）或见某某词目；对另一部分却不作注明，而是标音之后紧跟着列出一个包含该字头的词，再作词义的解释。例如《四角号码新词典》（1977年修订重排本）：

> 踌（chóu 彳叉仇）见下。
> 〔踌躇〕……
> 罳（sī ㄙ思）见〔罘罳〕（6090₁）。
> 蜻（qīng ㄑㄧㄥ青）〔蜻蜓〕昆虫名，头大，身体细长，
> ……
> 茉（mò ㄇ亡磨去）〔茉莉〕常绿灌木，花白色，有香
> 气，……

释注体例上显然不统一。这类字头还同那些含有意义、现代一

163

般用作词素的字头相混淆；因为对于后者，也往往是在其后面列出一个含有此字的复音词，一并作意义的解释，如《四角号码新词典》中的情形：

> 渭（wèiㄨㄟˋ胃）渭河，水名，发源于甘肃省，……
>
> 鲫（jíㄐㄧˊ记）鲫鱼，生活在淡水中，象鲤鱼，……
>
> 苹（píngㄆㄧㄥˊ平）〔苹果〕落叶乔木，叶椭圆形，花白色或淡红色。……
>
> 稻（tǎoㄊㄠˇ讨）〔稻黍〕（方）高粱。

可见，无意义而单纯是个音节的字头，同有意义而代表一个语素的字头之间，性质上的差别被掩盖了。读者会迷惑，象"蜻""苹"等字是否也含有意义，是否等于一个双音词的略称；或者会以为代表语素的字（"渭""鲫""苹"等）本身不含意义。

处理上凌乱不一的情况更为突出，而且影响要大得多的，是对代表词素的字有时进行释义，有时则不作释而只注明"见下"或见某某词目。这种情形是在同一部词典中出现的。例如：

《汉语词典》：

> 泞（㊀ㄋㄧㄥˋ宁。）泥水淤积道上之谓。
>
> 嵩（㊀彳痴。）但。参看不嵩条。
>
> 徭（ㄧㄠ。腰）见下。
>
> 〔徭役〕ㄧㄠˋ谓力役之征。
>
> 濘（㊁ㄋㄥˋ能。）见泞糊等条。

《现代汉语词典》：

> 佬lǎo成年男子（含轻视意）；阔～。

镔（镴）bīn见下。

〔镔铁〕 bīntiě精炼的铁。

例中的字头无疑都是个词素（只有"佬"在粤方言中可单用作词），但是对"泞（nìng）""音""佬"的意义作了解释，"徭""泞（nèng）""镔"则不释义，这是没有什么道理的。一部分的词素字头同只表示音节的字头作了完全相同的处理，其结果，词素的和只表示音节的两种字头自然混淆不清。

词素的意义应否解释出来，显然还不够明确。认识上如此，就不仅不能在含有意义的和无意义的字头之间划清界线，而且反映到可以是个词或词素的字头的释义上来，也形成了无一定体制的混乱情况：或者把所有词素的意义和词义都作为义项而并列，或者不介绍词素意义，或者在解释词义的同时只列出部分的而非全部的词素意义。这样的情况是普遍存在的。例如《汉语词典》：

> 观（㊀《ㄨㄢ·官）①视。②所视或示人之象，如壮观、容观。③意识；如主观、客观。
>
> 广（《ㄨㄤ°光）①阔大。②扩而充之。③宽度。如言此广四丈。④广东省简称。如洋广杂货。⑤姓。
>
> 攻（《ㄨㄥ·公）①击、伐，如攻打、攻击。②责人过失。③专治。④勤习。

"观"的词义和词素意义全部举齐，①义项是词义，②、③义项都是词素意义。"广"列出的义项全是词义；"广众""广告"的词素"广"，所含的意义没有列出。"攻"的①、③、④义项，解释的既是词义，又可是词素意义（如分别在"攻击""攻错""攻读"中）；②义项只是词素意义。"攻"出现在

"攻心"中的词素意义并没有介绍。再如《四角号码新词典》：

> 窘（jiǒng ㄐㄩㄥˇ 机勇 快读）①穷困。②为难，使为难。
>
> 例窘境｜别拿话窘他
>
> 实（shí ㄕˊ 户时）①充满，实足，与"虚"相对。例虚实｜
>
> 实年五十岁。②真，确实。例实心实意。③实际，
>
> 事实。例名实相符。④果实，种子。例开花结实。
>
> 窜（cuàn ㄘㄨㄢˋ 寸篡）①乱跑，逃跑。例抱头鼠窜。
>
> ②放逐，驱逐。③改动文字。例窜改。

"窘"的词义和词素意义全部列举了出来，并列为义项；"实"只有词义的义项，不释注词素意义（如"实"在"实行""实用"中的意义）；"窜"的词义和一部分词素意义解释了出来，其他的词素意义则置而未释（如"窜"在"窜犯"中的"乱加骚扰"义）。

字头词素意义或作解释或不作解释的随意性，加上解释时与词义义项的同式并列，显然模糊了词义和词素意义的区别，使得一个字头是否代表着单音词，是否仅只代表词素，显得暧昧不明。汉语的词典不能把汉语单音词明确地加以介绍，其指导作用和正词的作用自然要打不少折扣。

症结看来主要由于不明确对字头的词素意义应否释注，甚且没有注意这一问题。

一般地说，普通词典在释义上的任务，只在于把所收的词和固定语的意义解释出来，而无须涉及词素的意义。因为普通词典介绍的对象是语言词汇的组成单位——词语；人们要求从普通词典获得的知识，也是词语的意义及其正确的读音和写法。词素并不用来造句，不是完整独立的语言建筑材料单位，

其含义一般是不甚明晰的，人们通常不会意识到它，也很少有必要去了解它。因此，普通词典原则上不必设词素的词目，不必解释词素的意义。许多普通词典大体上都体现着这一原则；只是对于某些起语法作用的词素，往往也作词目对待而加以解释。如《英华大辞典》（郑易里等编，1957年）收前缀（prefix）un-, pre-, pro-, re-；后缀（suffix）-tion, tions, -ly, -en等。单含词汇意义而非语法成分的词素，在外语词典和外-汉对译词典里一般是没有列为词目的（如英语的-tain, -graph, mon-之类）①；这类语素若独立为词而列为词目时，其充作词素的意义通常也不解释，不单独作为义项列出（如subscribe中的scribe, lodgement中的lodge）。

但是，汉语词典和汉外对译词典设字头，情况就比较特殊而复杂化。一个字，在许多情况下，能兼代词和词素。既然要设字头，而字头若有意义时，习惯上又似乎要把意义全部解释出来为好，象处理词目那样，那么，字头的词素意义好象就不可避免地要加以解释。解决这个矛盾，还是应当依据原则。尽管字头有语素化的趋势，有向词目靠近以便与之协调一致的需要，纯属词汇意义性质的词素含义仍以不解释为合理。理由不仅在于一般读者不需要了解这些词素的含义，而且还在于体制上科学性的要求。这要求包含两项。第一，一个单音词的字头，往往也同时可作词素（如"天""方""高""信""观"等等），而且充作若干个复合词的词根而有着多种不同的词素意义，若把这些意义一一作为义项列出，势必使相并列的词义义项性质模糊不清，同词素意义混而不辨；另一方面也使得所

①对于一种语言的语素汇编或语素表册来说，当然情况不一样，词素都应列出，其意义都可解释。语素的汇编或表册不等于词典，不能混为一谈。

解释的字头在属于何种语素上性质不纯，不可能只作为单音词而同词目一致起来。如果用一定的符号标志或分别排列的方式，使词素意义的义项同词义义项区别开，那也不能解决多大问题。因为一来释注的仍是同一字头，其性质依然混杂不纯；二来字头经常会有兼是词义和词素意义的义项（例如"攻"的"击、伐"义或"专治"义），两种不同层级的意义在这里还是混而不分。第二，更不好解决的问题，是字头相当一部分的词素意义难以捉摸，要勉强解释出来，易陷于主观臆测；不加以解释，则造成义项设置的随意性（依是否解释得好而确定设置与否），使得字头释义体例不统一，说解不严密。比方，"芯子"（指捻子或引线，也可指蛇舌头或食用的羊舌头）一词的词素"芯"，"芭蕉"的"芭"，"缤纷"的"缤"，意义究竟是什么，就不太好说。难怪《汉语词典》和《现代汉语词典》对这三个字的词素意义都不解释。又如一些含有意义而重叠构词的词素字头，如"娓娓"的"娓"、"姗姗"的"姗"、"谆谆"的"谆"，不少历史久远、构词作用的来源不甚明白的词素字头，如"唐突"的"唐"、"嶙峋"的"嶙"、"迤逦"的"逦"等等，要准确解释它们的意义，都很难做到。从现代词典里，一般找不到这两类字的意义解释，就决非偶然。因此，限于目前语文学所能达到的水平，要对字头繁多的词汇性词素意义加以解释，势必削弱词典释义的科学性。

从上述两点，不难看出：把字头不为一般读者所需要的释义内容放到词典里，会严重影响字头体制的完善，其中包括妨碍字头的释义做到准确；而如果词典不安排该类释义内容，就可以避免产生这些弊病。

不把纯属于词汇意义范畴的词素意义列入字头的释注中，

168

与字头的语素化趋向也并不矛盾。因为这样做的结果，字头词汇意义性质的义项都只能是词义，从而大多数字头作为单音词的性质能够明确地显示出来，在释注体例上得以和词目完全一致。在这种情形下，词典尽管设字头，也同样能做到词目体制的统一。

当然，金无足赤，事情不可能做到十足的纯。字头往往有一部分词义义项实际上也把词素意义一并表示了出来。这种词义和词素意义，虽然语义层级不同，内容却完全一样。不过，义项仍可处理为词义的性质，通过用例来表明这一点。如果用例不限于表明词义，而是除词义之外也反映词素意义，那么字头的语素性质就含糊不清，例如《四角号码新词典》：

> 主②旧社会中占有奴隶或雇用仆役的人。例奴隶主 ｜ 主仆。⑦最根本的，最重要的。例主流 ｜ 以预防为主。
> 开④起始，开办。例开学 ｜开演｜ 开工厂。

"奴隶主"、"主流"、"开学"、"开演"，无疑都是复合词；前两者当中的"主"和后两者当中的"开"，当然只能作词素来理解。这就是说，四个用例所说明的对象是词素意义。把复合词的用例都换为词组或短句，使出现于其中的字头只代表着词（象"主仆""以预防为主""开工厂"那样），是完全可以做到的。

字头的词素意义如果带有语法的性质，却有必要解释出来。首先，因为它们出现在一系列的词当中，具有普遍的语法作用。词典以可能的方式介绍一部分词法的现象，是义不容辞的责任。其次，含有这种词素意义的字头，为数极其有限，无非是可以代表一些词缀的字，如"老""阿""子""头"
"化"等。这些字在代表一个单音词时，要另立字头；当它们
作为词缀的字头出现时，可加上某种特殊标志，如前或后加一
短小横线（-头、-化、老-、阿-）之类。

　　在词汇性的词素意义不作解释的情况下，为使只作词根的
字头和单纯表示音节的字头不致混淆，在体例上给以某种区别
的处理，是必要的，也很容易办到。比方，对于词根字头，注
以"见下"或"见某某词目"；对于纯表示音节的字头，除了
标音，就不再注明什么（当其下有带出的多音词时），或者注
以"某某词的表音字"（当其后并无带出的多音词时），例如：

　　　　　徭yáo见下。　　　　　　蜻qīng

　　　　　〔徭役〕……　　　　　　〔蜻蜓〕……

　　　　　佬lǎo见〔阔佬〕　　　　　肭nà〔腽肭〕的表音字

　　可以看出，不解释字头的词根意义，能使单音词的、词根
的、词缀的以及纯音节的字头相互明显地区别开来。由此也就
能表明，除去纯音节的字头外，其余绝大多数字头都具有语素
性质。更重要的是，词根的意义不解释，大部分字头可以纯粹
作为词的单位来释注，从而导致词目体系的扩大和统一。

　　关于这后一重要效果，涉及另一释注体例的改进问题。

　　有的词典把相互没有关联的词义义项都列在同一字头之
下。例如《汉语词典》：

　　　　　带（勹ㄞ代°）①衣带，或系物之带。②佩带。③携。④
　　　　　带领，随带。

　　　　　挸（彳ㄢ·产）①扶，牵挸。②谓以物相杂。

_170_

这里，"带"的②、③、④义项相互之间有关联；但是①义项同②、③、④义项却不相干，各是不同的词的意义。同样，"搀"的①义项和②义项并无关联，也是两个不同的词的意义。如果明确，除去词缀的、词根的和纯音节的字头，余下占了多数的字头都只作单音词来处理，那么这些单音词字头的每一个就应该只代表一个词，不能使它成为两个或更多的同音词的混合物。因此，以上面所举的"带""搀"为例，合理的做法是，设两个字头"带"，两个字头"搀"。一个"带"解释以"衣带，带子"的意义，另一个"带"解释以"佩带，携带，连附，带领"的意义；一个"搀"解释为"用手架住对方的胳膊，扶"，另一个"搀"解释为"把一种东西混合到另一种东西当中"。这就是给同音同形（同字）单音词分设独立的字头，分别解释其词义。《现代汉语词典》已采取了这种处理方式，是很好的。

不过，在尽可能象词的单位那样来设置和释注单音词字头的同时，某些同词目化的倾向相矛盾的字头设置，仍需容许其存在。这指的是：除了词根的、词缀的和只表示音节的字之外，还有两种不单独代表一个语素的字，往往也要立为字头。一种是异体字，在未明确字体规范或为了便于读者查找的情形下，有必要立为字头；另一种是异读字，如果规范的读音也未确定，在词典的音序编排次第里，自然需要在不同的地方重复地以字头的形式而出现。这样两种情况，都会使单音词字头难以和单音词完全一对一地因应。

字头的设置，总不能完全不反映汉字体系的特点和要求，加上现代词典一般又要实行音序编排法，这就不可避免地会形成字头的词目化倾向同保留其文字单位性质的矛盾。但是这种矛盾并不严重，不足以影响字头基本上实现词目化。只要排除了妨碍单音词字头词目化的人为障碍，那么字头保留下作为文字单位的某些特点，与其说是字头体制的缺陷，就毋宁说正是这种体制的特色所在。

如果要使字头成为纯粹的文字单位，在作用上同词目清楚地完全区分开来，那么当然可以一律只给字头标音，不释义；有以此字表示的单音词，一律在字头下再以此字将该词列出。1940年出版的《华英德法词典》（王安国编，商务印书馆），就是这样处理的，如：

脬 pao				
	脬 (n.)	bladder	die Blase	vessie.f.

舂 chung				
	舂 (v.)	to pound	stossen	piler
	舂臼 (n.)	mortar	der Mörer	mortier.m.
	舂容 (a.)	calm	still	calme

若把这种处理方式用到汉语词典中来，自然也会有字头与词目不相混杂的优点。但好处也仅仅如此。把字头纯粹作为字来处理，是同字头词目化的发展趋向背道而驰的；其次，在印刷上太费版面，也未必切实可行。

（《辞书研究》，1979年第
二辑，上海辞书出版社）

172

词语的阶级色彩问题

（一）

　　语言中某些词语会带有所谓阶级色彩。对这样的词语如何理解，在词典编纂工作中如何加以处理，是很需要解决的问题。

　　斯大林在《马克思主义和语言学问题》中论述了语言的全民性，同时提出了阶级影响到语言的情况，提出了"带有阶级色彩的专门的词和语"①。"阶级色彩"显然是一部分词语受到阶级影响的表现。不过，这一术语的涵义究竟应如何理解，需要弄清。

　　问题有两个方面：什么是词语的阶级色彩？带阶级色彩的词语是哪一些？

　　词语的阶级色彩，应该是泛指一切在词语上面反映了阶级的思想、立场、感情、利益的表现。它涉及词语的意义内容，也可能涉及词语的构造形式。斯大林肯定地指出："是的，阶级影响到语言，并且把自己专门的词和语加进语言中去，有时也对同一个词和语有不同理解。这是不用怀疑的。"②阶级自己专门的词和语，尽管加进了语言当中，也仍然在意义内容和构造形式两方面都有阶级色彩。当不同的阶级对同一个词或语

---

　　①　斯大林《马克思主义和语言学问题》，31页，1971年，人民出版社。
　　②　同上书，30—31页。

17·3

各有不同的理解时，阶级色彩才仅只表现在词语的意义上。

这里不能忽略一点：阶级自己专门的词和语，如果加进了语言中去，在社会集体当中使用开来，那么自然也有某种程度的全民性。例如旧社会较常使用的"下人""侍者""贱民""三从四德""升官发财"等，就是如此。有的剥削阶级"自己"的词语，加进了全民语言之后，其全民性日渐增强，阶级色彩却日趋淡弱，以至沿用至今完全失去了阶级色彩，如"太后""亲王""加冕"之类。

可见，语言词语的阶级色彩和全民性既矛盾对立，又互相影响，前者并有可能向后者转化。这在对立的阶级对同一词语的理解各不相同时，表现得更明显。例如，"民主""人道""资本家""经济剥削"等词语，尽管不同的阶级理解得不一样，但是意义中也有各阶级共同理解的成分。正由于这样，对立的阶级在相互交际中能够使用它们。因此，只在意义上出现的阶级色彩，也离不开意义的全民性成分。

由此可知，全民语言的某个词语具有阶级色彩，并不意味着该词语属于某个阶级，只为某个阶级服务。

（二）

考察一下词语阶级色彩的外延，也有助于全面确切地了解它的性质。当然，这种考察主要为了弄清带阶级色彩的词语包括哪些单位，数量上的情况如何。

首先，阶级"自己专门的词和语"会有一些未能加进全民语言中去，而只是出现在阶级习惯语中。它们只有阶级色彩，没有全民性。这种阶级的词语，通常见到的是旧社会里统治阶级所制造的。例如国民党官僚买办阶级所使用的"委座""勋

174

令""加委""异党""戡乱""剿共"等等及他们所捏造的"共匪""匪区""奸区"之类，就属此。它们渗透着这个阶级的腐朽意识和反动立场，中国人民是决不会接受下来的。这些"词语"必然随着官僚买办阶级的灭亡而灭亡。它们数量上极其有限，又非全民语言中的东西，因而在带阶级色彩的词语中是次要的部分。

在全民语言系统的范围内，什么样的词语带有阶级色彩，这才是问题的重要之处。

语言系统中带阶级色彩的词语，表现复杂，多式多样。试加以概括，可有如下几类：

一、本为旧社会统治阶级所制造和使用，并较强烈地反映其观念和利益的词语。它们虽然进入了全民语言，所含的意义同劳动人民的思想感情是格格不入的，因此当剥削阶级的统治被推翻，广大人民群众成了社会主人时，它们大多随之而消亡。例如解放前，汉语中的"听差""脚夫""伙夫""车夫""千金小姐""孔圣人"以及上面举出过的"下人""三从四德""升官发财"等等，解放后都被人民所废弃。不过，这类词语有一小部分，尽管经历了社会革命的巨大变化，仍能在语言中留存下来。大体分为两种情形：其一，有的曾在社会上广泛使用，有较大影响，现在用时是以批判的立场来对待其含义，具有以往没有的贬义色彩。例如"国粹""孔教""天子""天命""嫡系""沙笼""明哲保身""中庸之道"等等。其二，也有过广泛的影响，在人民的使用中已逐渐形成一个新的意义，这意义不再反映剥削阶级的观念和利益。例如"仁政""德政""义士""逆臣""礼节""经典""仁至义尽""当仁不让""杀身成仁""离经叛道""过犹不及"

等等。如果新形成的意义完全取代了原义，即原义已实际上消亡（如"仁至义尽""当仁不让"），那么这样的词语就不再有阶级色彩；如果原义仍然存在，即原义和新起的意义共存于同一词语（如"仁政""德政""杀身成仁"），那么就原义方面看，词语就仍是有阶级色彩的。

这里，有一条区别界线值得注意，凡全民语言中来自旧社会统治阶级的词语，如果意义所反映的剥削阶级的意识比较微弱，而又在人民当中长久使用下来，就不能认为它们还有阶级色彩，应同强烈反映剥削阶级观念和利益的词语区别开来，例如，现代汉语中的"皇宫""紫禁城""皇陵""亲王""陛下""殿下""加冕""君主立宪""清水衙门"等等，应该认为纯是全民性的词语。

二、本为工农阶级所创造和使用，明显反映本阶级的感情观念、行为风尚和利益而未普遍使用于社会各阶层的词语。语言中正如有来自旧社会剥削阶级的词语一样，也会有来自被剥削阶级的词语。被剥削阶级是可能有自己的阶级习惯语的。恩格斯指出："工人比起资产阶级来，说的是另一种习惯语，有另一套宗教和政治"[1]。这里尽管是指当时的英国工人阶级而言，也足以说明阶级习惯语不只是剥削阶级才有的。工农阶级自己专门的词语，无须强加入全民语言，往往会自然地在人民范围内使用开来，为全民语言所吸收，特别在建立了人民政权的社会条件下更是如此。因此来自工农的词语，其阶级特点易为全民性所取代。其中凡表现工农的意识、行为、风尚和利益都不明显，已为人民群众所常用，甚且敌对阶级也加以使用的，

---

[1] 恩格斯《英国工人阶级状况》，169页，1956年，人民出版社。

176

就无阶级色彩可言。例如"苦干""巧干""劳保""三班倒""三夏""记工""积肥""科学种田"等等，都属于这一类。只有明显反映工农的感情观念、行为风尚和利益，而还不广泛地使用于人民各阶级阶层的词语，如象"夺榜""钢龙铁马""四择优""刀把地""吨粮田""公有私养"等，才具有阶级色彩。

三、表现无产阶级的思想立场十分强烈，反映着无产阶级路线政策或革命斗争史实的词语。它们在人民群众中广泛使用，反动派却加以排斥或歪曲。例如"解放区""整风""解放战争""三座大山"等为国民党反动派所排斥，"按劳分配""双百方针""又红又专""南昌起义"等遭到林彪、"四人帮"的贬黜和歪曲。这些词语的阶级色彩显然是鲜明的。

四、并不来自某个阶级，但是对立的阶级理解得截然不同的词语。涉及政治斗争、上层建筑以及道德品性等领域的词语，地主资产阶级的理解一般都和无产阶级有所不同。如"政权""宗教""艺术""本性难移"，无产阶级和地主资产阶级所理解的意义就不见得一致。如果认为这样的词语都一律有阶级色彩，未免失之于滥。确定它们能否有阶级色彩的合理准则，应是对立的阶级有无截然不同的理解。所谓截然不同，包含三种情形：

（1）词语所指的对象，虽然外延各自理解得基本一样，但是本质特点却理解得大不相同。如"资本家"所指的对象，无产阶级理解为通过大量剥削工人来养肥自己的人，资产阶级却只理解为私人投资营利者。又如"政治"，无产阶级认为是政府、政党、团体和个人在阶级斗争、阶级之间的关系上的活动，是经济的集中表现，总以维护本阶级的利益为目的；资产阶级的理解则完全掩盖了政治的阶级性质及其与经济的关系。再如"民主""专政""人道""地主""宗教""荣华富贵""平步青云"等等，理解上分歧的情形是同类的。

如果对象本质特点的基本部分理解一致，只是其余部分有差别，对象的外延又基本相同，这不算阶级色彩的表现要合理些。如"法院"，哪一个阶级的理解中都反映了"审理案件的司法机关"这一法院的基本特点，不过无产阶级还认为它是有阶级性的，必然体现阶级的意志，而资产阶级不这样看。类似的"法律""道德""国家""政党""教育""文化""意识形态""检察机关"等等，情形大体上一样。这种理解的差异，主要是认识的正确程度和深浅程度的问题，不是截然不同。

（2）词语所指的对象的性质特点，彼此有一致理解的部分，但是运用这词语来指称的对象在外延上极不一致，甚而相反。例如"叛变""叛卖""变节""叛徒""内奸""奸细""走狗""烈士""壮烈牺牲""顽固不化"等，无产阶级和地主资产阶级用这类词语来指说的对象是不相同的。无产阶级认为背叛了革命队伍，投到敌人方面去是叛变，那样的人就是叛徒；而地主资产阶级却认为那是向他们"投诚"，是所谓"改邪归正"的人。无产阶级把坚持反动立场、死抱住陈腐观念的表现叫做顽固不化，而反动阶级却认为这是坚定不移，如

---

① 例如西方一部有影响的词典对"政治"的解释，足以代表资产阶级对该词理的解."a.（由某政府、制度、集团或个人）从情况变动和按照给出的条件所选择的一定的行动方针或方法，用以指导并通常限定现在和将来的决定。b.（1）计划好实行如此选定的行动方针的特殊决定或一系列特殊决定；（2）如此地同相关行动关联在一起的、计划好加以应用的一种或一系列特殊决定。c.设定的钢领，它含包预想的目标和达到目标的方法"（Webster's Third New International Dictionary, Philip Babcock Gove主编，美国1961年版）。

此等等。可见，这类词语，对立的阶级在应用范围上，即对词语意义外延的理解上极不一致。因此，阶级色彩的浓厚，是毫无疑义的。不过，它们被不同的阶级使用时，意义上也有共同理解的成分。如"叛变"，都理解为背离己方，投向敌方。对立的阶级完全可以了解这类词语在对方运用时的含义。这表明它们是带有阶级色彩的全民性词语。

（3）词语所指的事物对象，无论性质特点和外延，不同的阶级理解得没有差别，但是感情态度色彩却截然不同。这种差异，同样突出地反映出了阶级之间对立的感情和立场态度，因此也是阶级色彩的表现。例如"排场""阔绰""光宗耀祖""十年寒窗"等，在地主资产阶级的理解中含褒义，但是在无产阶级的理解中却往往含贬义。又如"卑贱者""叛逆者"等，情形相反，对于地主资产阶级来说含贬义，对于无产阶级来说是有褒义或往往含有褒义的。

上面四种类别的归纳和分析，可能未尽完善，但是大体上勾勒出了词语阶级色彩的轮廓。容易看出，虽然观察的具体对象限于汉语，但是由之得出的结论，对于各种语言来说会有普遍的意义，因为现代各国、各民族内有着基本一致的阶级对立关系。

带有阶级色彩的词语，除了上述四种类型外，在语言中不会有其他的存在。它们加在一起，只不过是语言全部词语中很小的一部分。不仅如此，它们除带有阶级色彩，也同时具有某种程度的全民性。因此，语言词汇绝不会由于它们的存在而成为阶级性的。

（三）

词典如何对待带有阶级色彩的词语，有词目选收和意义解

179

释两个方面的问题。

如果词典是规范性的，那么词语是否具有全民性，即是否进入了全民语言，应为能否将它收为词目的一个基本衡量尺度。因此，凡未进入全民语言，只用于个别阶级、特别只是旧社会统治阶级专门使用的词语（如"委座""共产公妻"之类），一般不应收进规范性词典。

剥削阶级所创造的词语，曾经进入过全民语言的，如果已为新社会的人民群众所摒弃（如"下人""听差""三从四德"之类），是否也不该收进当代语言的普通词典？从它们不再是当代语言系统的成分来看，不收似乎能更好地反映语言系统的面貌，符合所谓时代性的要求。但是，不能这样简单片面地看问题，更不能以"左"的所谓"革命化"为理由，对这些词语绝对加以排斥。普通词典需要介绍一些过去在全民语言中存在过的词语——其中包括消亡了的旧词语，以备人们查阅，有利于今天的读者了解过去。因此，从实用出发，适量收取过去为剥削阶级所创造而进入全民语言的旧词语，是可以的，合宜的。只不过收入词典，须注明其陈旧性质；其中某些，在介绍其含义时，还有必要表现出今天的正确认识或态度。

其他各种进入了全民语言的带阶级色彩的词语，原则上自然都可以收进词典（中小型的普通词典受体制规模的限制，须从中选收部分，那是另外的问题）；只是存在着对它们进行释义如何做才恰当的问题。

旧社会统治阶级强加于全民语言而今天没有消亡的词语（原义已消亡而另起新义，已无阶级色彩者不在内），其本来的意义，无疑应解释出来；在此同时适当地有所批判，是必要的。这就是说，既解释出意义原有的剥削阶级色彩，同时又显

180

示出无产阶级的批判色彩，使后者处于支配前者的地位上。《现代汉语词典》（中国社会科学院语言研究所词典编辑室编，1977年版）对"天子"的解释，是这样处理的较好的例子：

〔天子〕旧时指国王或皇帝（封建统治阶级把他们的政权说成是受天命建立的，因此称国王或皇帝为天的儿子）。

括号内的释语既进一步从来源说明了原义，即完全表示出了原有的阶级色彩，同时通过"封建统治阶级"、"把他们的政权说成是"、"受天命"等措词，又揭露了这个阶级为确立其统治权力而采取迷信的欺骗手段，这就寓含了批判，显示了无产阶级的理解态度。

来自工农而使用还不很普遍的词语（如"刀把地""钢龙铁马"等），其意义解释，当然应把阶级色彩表示出来。标示着无产阶级路线政策或革命斗争史实，为敌对阶级所敌视的词语（"整风""南昌起义"等），情形也一样。这里，阶级色彩同全民性是统一的，只要如实地解释出意义，就既能体现出阶级色彩，也有助于词语增强其全民性。

并非来自某个阶级，但是对立的阶级理解得截然不同的词语，如何进行释义，一直不很清楚明确。如果承认，语言中的词语具有全民性和词典须得有倾向性是必要的出发点，那么，可划分开两大类情况，分别作不同的处理。

凡理解上的截然不同，表现在事物对象的本质特点上，而外延方面理解得相同或基本相同的词语（"资本家""地主""政治""逆子贰臣"之类），应该只解释无产阶级和人民群众所理解的意义，可以不管地主资产阶级的理解内容。因为后者不过是社会上一小部分人的理解，并没有被社会大多数人所承认；而前者却和语义的全民性相统一。理解上的对立仅表现在感情态度色彩上的词语（"排场""逆叛""光宗耀祖"之类），情况基本上相类似，当然也应按照无产阶级的感情态度色彩来解释。

另一类情况，词语所指的对象在外延方面理解得很不一致甚而相反。解释这类词语（"奸细""叛徒""壮烈牺牲"等），若只述说无产阶级的理解，或者把对立的阶级各不相同的理解都列为义项，一般地说，都不妥善，后一种做法尤其不当。原因主要在于，按照一方对外延的理解来解释，就不可避免地使词语的意义简单化和狭窄化。解释这类词语，总不能因表现阶级色彩而破坏全民性和人为地弄窄词语的意义。因而正确的做法是，只反映各个阶级的理解中的一致的成分。比如，把"叛变"只解释为"背叛无产阶级革命队伍，投到无产阶级敌人方面去"，并不可取，既把词义弄窄，又不能说明资产阶级反动派为何也用这个词来指他们的人所发生的背叛行为。把反动派反人民的、同全民性完全抵牾的理解也列为义项，自然更不合理，不仅反映不出词语的全民性和违反词典倾向性的要求，而且还分裂词语，硬将一个意义单位分为两个相反的意义单位。《现代汉语词典》把"叛变"一词解释为"背叛自己的阶级或集团而采取敌对行动或投到敌对的一方去"，这是只取各阶级的共同理解成分，显然做得合理，避免了各种弊端。

上述两类情况的不同处理，在一些词典里已有出现，虽然词典的编纂者不一定明确地这样做。按照这种方式来作的释义，是准确、妥贴而简明的，没有欠缺或弊病。如属于前一类情况的："〔资本家〕占有资本、剥削工人剩余劳动的人。"（《现代汉语词典》）"〔土豪劣绅〕旧中国地主阶级中勾结官府或土

182

匪，依靠或操纵地方政权欺压劳动人民的人。"（《四角号码新词典》1977年修订重排本）属于后一类情况的："〔内奸〕暗藏在内部做破坏活动的敌对分子。"（《现代汉语词典》）"〔奸细〕混入内部给敌人刺探消息的人。"（《四角号码 新 词典》1977年修订重排本）

词语释义的无产阶级倾向性，应该而且能够同科学性统一起来。可以说，释义的无产阶级倾向性还必须建立在科学性的基础上。不符合甚而破坏科学性的倾向性，是要不得的，实际上不可能在政治上、教育上收到好的效果。进入全民语言而带阶级色彩的词语，有一部分不能通过释义把阶级色彩反映出来，这表面上似乎使无产阶级倾向性的体现受到影响，其实恰恰由于能够提高词典的科学性和规范性，而使词典能更好地为无产阶级事业服务。

（《南开大学学报》哲学社会科学版，1979年第3期）

183

词语的意义和释义

词典质量的高低，很主要的一个方面是体现在释义上。释义不准确或不明白透彻，不仅削弱了词典的科学性和规范性，而且降低了它的实用价值。一般地说，释义出现这样的毛病，原因或者是由于没有准确地理解词语的意义，或者由于在释义的表达技术上或理解释义与意义的关系上存在问题。针对前一种原因，需要从理论上明确词语意义的基本性质特点；针对后一类原因，需要完善释义的方法，特别是正确处理释义和意义的相互关系。

本文试就这两方面谈谈个人的看法。

（一）

词语的意义包括词义和固定语的意义。了解了词义的性质特点，固定语的意义不难弄清。词典所释注的意义主要也是词义。

词义的存在，总是离不开词所指的事物对象和词的语音形式 。一个词之被公认为有某个意义，那是由于大家都以这词的语音形式来指称某种对象。因此，词义是在词中固定下来的对某种事物的反映。它虽是意识的，却具有无可置疑的客观性质，即一方面有着事物对象的依据，另一方面又为社会集体所约定俗成，不因个人主观意志而转移。词义的客观性质，使得词典能客观地进行释义。那些断言词义不可知或只决定于个人主观意向的观点，例如布龙菲尔德所谓意义是"说者说出这语言形式的环境和在听者所唤起的反应"、是同言语片段产生前后联系着的实际事件①，就是歪曲了词义及其他语义的本质，阉割了意义所反映的事物对象。若据此而作释义和词义辨析的工作，必然寸步难行。释义无疑须以词义反映对象的客观性作为必要的前提。

　　词义的客观性向释义提出了两个重要的要求：其一是只解释公认的或至少已在社会上使用开的意义，不把个别人主观理解的、临时赋予的意义收为义项②；另一要求是，要准确介绍出词义反映某种事物对象的内容。前者，词典一般都能做到，因为编纂者大都意识到个人主观作出的意义不能视作真正的词义。至于后一要求，就往往没有很好实现，存在较大的问题。首先，词义对事物加以反映的内容究竟是什么样的，释义怎样才能把这内容表述出来，这样的问题还需要在理论上作出明确的回答。

　　词义总以反映一定客观对象的特点作为自身的内容。这种反映根本上是抽象的。列宁曾经指出："感觉表明实在，思想和词表明一般的东西"③。 这便是指词的意义内容具有一般性，即抽象反映的性质。因此，词义要反映事物的本质特点及其他普遍性的特点。这里又产生问题：词义是否一如概念，反映事物对象所有这些特点？它是否只以这类特点构成反映的内容？

---

①布龙菲尔德LANGUAGE，139页，1955年伦敦版。

②对于作家用语词典及专门介绍词藻的词典来说，当然容许介绍作家赋予词语的主观意义。这类词典比较特殊。

③《列宁全集》第38卷，第303页。

185

众所周知，词义和概念分属于语言和思维的范畴，不是同一种东西。但是在反映事物对象上，两者是否存有区别，这一点使一些人产生怀疑。

概念不仅反映事物对象较多的本质特点和一般特点，而且有时深入地、全面地反映事物的本质属性，把那些最能说明事物本质而又深藏不露的特点都加以反映，形成所谓科学的概念。词义则一般并不如此。在绝大多数的情况下，词义只以反映事物对象的区别性特点（是本质特点之一）作为必要的内容；其他的特点就不一定反映。比如名词"人"的词义，从一般语感来说，反映着人的如下区别性特点：能说话，能直立行走，有一双手以及有方圆的面孔等。至于会创造和使用劳动工具，是社会成员，体现着社会关系的总和，这些决定着人的社会特性的重要本质特点，不见得为"人"这个词的意义内容所包括。就人们交际中一般用词来说，词义反映了事物的区别性特点便能满足需要；因为这样一种意义的词，指什么对象会很清楚明确。只是有很小一部分词，所指事物的重要本质已为一般人所了解，其词义自然较深入全面地反映事物的性质特点，同相应的概念(甚至科学概念)一致起来，如汉语的"阶级""法律""月蚀"之类。所有狭窄的术语词，其意义也和科学概念一致，但是这类词只处于全民语言词汇的外围，不能表明一般词义的性质。

大多数概念，在人们日常运用着时，也往往只反映事物的区别性特点和一般特点；只是当思考某一事物时，会形成关于该事物的较深入的概念，特别是各种专业人员对于本专业有关事物的本质会有特殊深入的了解，即形成特别深入的概念。深入的概念若由一个词来表现，这词的意义自然相应地深化。但

186

是深化的词义若仅为小部分人或个别人所掌握，那就不是一般的全民语言的词义或根本不能进入语言词义的范围。而深入的和不深入的概念，却都是概念，而且通常以深入反映事物的概念作为该事物概念的代表。因此一般地说，词义和概念对事物的反映可有深度的不同。

在抽象反映事物对象的内容上，词义和概念还有外延的差异。语言中所有的虚词（不包括副词）都标示某种语法关系，其词义是以反映一定的语法关系为内容（或基本内容）的，并不体现概念①。只有实词词义，才有体现概念及与之是否一致的问题。

另外，相当多一部分词义，含有形象地、感性地反映事物对象的成分，就是所谓表达色彩。如"佛手""山里红"的形象色彩，"颂赞""祖国"的感情色彩，"老师""头头"的态度色彩，"氯化钠""喧嚣"的风格色彩，"装蒜""遐迩"的语体色彩等等②。概念则一般没有这种感性的反映内容。

同词义一样，固定语的意义体现着概念，这概念和意义之间也可以有不一致的反映内容。例如，"通货膨胀""商品经济"，一般人所理解的含义，同经济学上相应的科学概念存在着差距；又如"慷慨就义""飞扬跋扈"，其意义都含有表达色彩，是相应的概念所不可能有的。

（二）

词语的释义，无疑须以准确了解词语的意义为前提。如果

①对虚词再作概括抽象的反映，可形成概念，如关于介词"从"的概念，关于连词"与"的概念，这样的概念，是同作为词汇意义的词义而非语法关系的词义相因应的。

②风格色彩和语体色彩，反映的不是抽象意义所表明的对象，而是对词只出现于某种言语风格或某种语体的感觉、印象。

187

对于词语的意义理解错误、一知半解或者在广狭深浅上理解得不恰当，都会在释义上表现出种种毛病。

光有准确的理解也还不能保证解释得好，还有释义如何表述的问题。

释义受着词典体制规模的制约，有的可以很详细，有的只能比较简略。但是无论详略的要求如何，词语意义的解释，都应是意义本身的文字表现，即准确表述出词语的意义。这作为一个基本原则，未必有谁能持异议。它包含着两个方面的要求：其一，要把意义所反映的事物特点，尤其区别性特点，表述出来；最简略的解释也应表明对象一个区别性特点。其二，恰如其分地表现意义的反映内容。

从这样的要求来衡量，不少普通词典的释义是存在着缺点的。大致有如下几种表现：

一、解释不确切，没有表述出事物对象的区别性特点。比如：

〔逆转〕 情况恶化。多用来形容局势。（《四角号码新词典》）

"逆转"所指的变化，根本性的特点是从原来良好的发展情况一变而向相反的不好方面发展。而"恶化"只指变得不好。因此，"逆转"只是同"恶化"的意义接近，而以由好至坏的相反发展变化这个特点同"恶化"相区别。如说"欧洲共同体已明显地走向统一合作，不可逆转"，这里的"逆转"若换了"恶化"，并不能表现原有的意思。可知，用"情况恶化"来解释"逆转"，并没有点出词义所反映的事物对象的区别性特点。

二、词义实际上没有解释出来。这有几种情形。一种是释语并非解释词义本身，如：

嘞　语助词。

〔论辩〕　文体名。（《汉语词典》，1957，商务印书馆）只指明词所属的词类，当然不等于说明了词义。虚词也是有含义的，只不过不那么明显，正需要词典解释出来。只指出一个词是一大类事物的某个名称，如"论辩"是文体名，也并没有说出这词指该大类事物的哪一小类或哪一部分，即没有介绍词义的反映内容。

另一种不难看到的情形，是用词来解释词，而作为释语的词仍需解释，却并没有列为词目。如《汉语词典》："〔祆教〕〔宗〕即拜火教。""〔装置〕犹言配置。"但"拜火教"和"配置"都没有被收为词目，〔祆教〕和〔装配〕的释义实际上是悬空了的。用词来解词，并非绝对不可以。中小型词典为了精简释语，节省篇幅，在适当的情况下，只要能使读者知道被解释的词指什么事物对象，以词释词是可行的。但是，除了作为释语的词十分浅显的情形外，一般这种解释某个词目的词，应该列为词目，解释其意义。有时可以发现，作为释语的词虽然列为词目，却只是用它所释注的词来作解释，形成词和词的循环互解，这当然等于没有释注。例如《汉语词典》："〔中夜〕犹中宵。〔中宵〕谓半夜。〔半夜〕②中夜。""〔装裱〕犹装潢。〔装潢〕谓装裱字画。"以词释词，从根本性质看，并非正常的释义方式，只是一种有条件的释义替代手段。如果不具备这样的条件（被解释的词和释语的词是等义词或没有重要差异的同义词，而释语的词又极为浅显，或者释语的词另设为词目而加以解释），却滥加使用，不仅使释义落空，而且往往会把一般近义的词歪曲为同义词甚至等义词。例如，《汉语词典》〔触发〕解为"犹触动"，〔触动〕解为"感动"。"触发""触动"

189

"感动"被视为等义词或同义词，是不符合事实的。三个词相互间仅只意义有些接近。这种以词解词的做法，有的人要使它完全合法化，有的甚而为之制造理论根据①，但都不能认为恰当。

还有一种实际上没有把词义解释出来的情形，就是被解释的词成为解释语的一部分，其本身仍有待解释。如《汉语词典》："光②物体所发或反射之光。"读者会问：释语中的"光"究竟指的什么？同被解释的"光"难道不是一个东西？两者的意义岂不是都未解释吗？

三、意义的反映内容表述不全。这也有几种不同的表现。其一是事物对象的性质特点反映得不够，意义解得宽泛，扩大了所指对象的范围（外延）。例如《汉语词典》："〔昏昧〕犹言不明白。""不明白"有多种情形，不见得都是昏昧；昏昧区别于其他各种不明白的特殊性，是"不辨是非，不明曲直"，不说出这一特点，只用"不明白"来解释，当然就宽泛失当。

另一种意义解释得不全的表现，是不表述词义的表达色彩。有些表达色彩，对于理解词的意义和正确用词来说，是异常重要的，不表示出这类表达色彩，意义的解释就有欠缺。例如感情色彩方面："〔琐碎〕细小而繁多：琐琐碎碎｜摆脱这些~的事，多抓些大问题"（《现代汉语词典》），"〔行径〕②

---

①例如美国学者John P. Hughes提出："什么是'意义'？你严格地观察，会发现实际上我们以两种基本方式使用这个术语：如果有人问我某语言一个词的'意义'我给他以他的语言中（以我判断）表现'同一样东西'的那一个词。如果他问我一个英语的词的意义，我给他英语里说'同一样东西'的另一个词或词的组合。"（THE SCIENCE OF LANGUAGE，8页，1962年，纽约版）

190

谓人之行为"（《汉语词典》）。语体色彩方面："〔晨曦〕晨光"（《现代汉语词典》），"〔退迩〕犹言远近"（《汉语词典》）。对于"琐碎""行径"，都没有指出它们的贬意。没有经验的读者会区分不开"琐碎"和"细碎"，会误以为"行径"等于"行为"。词典里忽略语体风格色彩的情形，一般比忽略感情色彩更多见些，而给读者用词方面带来的消极影响未必要轻。"晨曦"有诗的或典雅的风格色彩，与用于多种文体的"晨光"并不等同；"退迩"以具有浓厚的书面语色彩而同"远近"迥异。词典不说明这些，就可能使读者在运用相应的词时产生风格上或语体上的错误。

诚然，词典的释语须力求精简，但是也不能因噎废食，重要的色彩特点若因之而舍弃不顾，是不恰当的。其实，指出表达色彩也不用费多少文字，比如，用加标志的方式（如释语前头加〈褒〉〈贬〉〈书〉〈口〉〈诗〉之类）也可表示出来。

词与词之间意义上的细微差别，除了由表达色彩造成的以外，更多见的是从不同的侧重方面来反映同一事物。那样的两个词，有用来互相注释的。这种释义方式揭示不出词义的特点，也是释义不全的表现。例如《现代汉语词典》："〔急遽〕急速"，《汉语词典》："〔省悟〕醒悟"。"急遽"解释得和"急速"等同，但是它们的意义实际上互有出入。"急遽"强调快得匆促、紧迫，"急速"着重于表示非常快。同样，"省悟"和"醒悟"也难以认为意义上一致到可以互相诠释："省悟"着重于因省察而明白了什么，"醒悟"则强调由迷惑、模糊而变为明白、清楚。

还可举出一种较常见的情形是：对复合词的解释，满足于分别简单说明其词根。对于某些未完成词化过程的复合词来说，这样解释似还可以，例如："〔备荒〕防备灾荒"（《现代汉语词典》），"〔悲愤〕悲痛愤怒"（《四角号码新词典》）。但是已完成词化过程的复合词，所含的词根已互相融合，不好分开理解；机械地把它们分开来解释，必然不能把词义解释得切当周全。例如《现代汉语词典》："〔泰斗〕泰山北斗：京剧～｜他算得上音乐界的～。""泰斗"的意义已非两个词素意义之和，而是"最有权威者或最出色者"。

四、解释中不适当地举出事物对象某部分所具的特点，从而缩小了所指对象的范围，把意义弄窄。例如《汉语词典》："〔食物〕谓一切物产之可用为食品者。"食物的范围大于食品，食品只是食物中供人类食用的并经过加工制成的一类。又如《四角号码新词典》（1977年修订重排本）："〔商埠〕帝国主义国家强迫他国开放的通商地区。""商埠"实际上不限于指这种通商地区，而是泛指对外贸易的城市。《现代汉语词典》把"商埠"解释为"旧时称跟国外通商的城市"，这才符合于词义的实际范围。

五、在一个义项之内表述出两个或更多的意义，各别反映着互不相同的事物。从单一义项的内容要求看，这也明显地越出了意义所反映的事物对象的范围。例如《四角号码新词典》："牙①齿，又特指象牙。""下①表示位置低，跟'上'相对。也指质量差，等次，时间在后。""牙"的一般牙齿的意思，当然不等于象牙的意思，各自反映的事物有不同的范围，在一个义项里把两者合为一个意义，这"意义"本身成了难以成立的东西。"齿"和"象牙"两个含义分设为不同义项，方才合理。同样，"下"的①义项至少包括了位置低、质量差、时间在后等三个不容相混的意义，各自反映不同的事物对象。

192

六、把一般通用的词或不狭窄的术语词解释得过于深入，释语所表述出的不是一般的词义，而是个科学概念或严格的定义。对于专门词典或百科词典来说，这是好的，但是对于普通词典来说，越出了一般应用的语义（全民语言词汇的语义）的范围，并不合适。例如《四角号码新词典》"〔氧化〕物质的原子失去电子的化学反应，也就是物质跟氧化合的过程。如金属生锈、煤块燃烧等都是氧化"，《现代汉语词典》"〔货币〕充当一切商品的等价物的特殊商品。"一般读者是难以通过"物质的原子失去电子的化学反应"这种解释来理解"氧化"的，因为解释本身涉及化学、物理学的专门知识，一般不懂。"货币"一词已在社会上广泛使用开来，可是被解释以经济学的深刻定义，没有学过经济学的读者是不易看懂的。类似这样的词，进行浅近而贴切的解释，不搬深刻的科学概念，才较适宜，也完全可以做到。比如《现代汉语词典》对"炸药"的解释就比较得当：〔炸药〕受热或撞击后能立即分解并产生大量的能和高温气体的物质，如黄色炸药、黑色火药。

词典的释义，是一项浩繁而复杂细致的工作，一般难以作得很完美。但是上述六种不能准确释义的缺点，是应该尽量避免的。要避免，根本的办法是务求释语表现词义本身，尤其是表现一般人对于词的意义内容的理解，其中包括必要的事物区别性特点和可能有的重要表达色彩。

（三）

词语的意义须准确表现于意义解释中，这一点并不等于说，释语的内容在任何情况下都只应该完全等于所释词语的意义。

释语的内容，必要时是可以大于所解释的意义的。问题在于，什么情况下可以如此，以及解释中多出于意义之外的部分在表述上如何处理才合适。这不仅是意义和释语之间的关系问题，而且同如何正确解释词语有密切关系。

词典虽然是一种工具书，但是通过对于词目的解释及所举的用例，也能在思想上影响读者。可以说 词典向读者进行一种广泛的知识宣传和思想教育。因此，如果无论对于什么词语，都只把意义本身介绍出来便完事，那未必是恰当的。要使词典富于教育作用，在解释出某些词语意义的同时，有必要表明态度、倾向，或给所指的事物对象以评价、议论。主要是某些政治性的和哲学思想上有重要性的词语，需要在这方面加以斟酌。

释语中对词语所指事物的评价或议论，并非意义范围内的东西，但是同意义有关联，是意义解释基础上的进一步发挥。这种发挥，作为意义解释的附随部分，自然不应离开词目中心，不宜作长的铺叙。举《现代汉语词典》一个发挥得比较恰当的例子来看：

〔宿命论〕一种唯心主义理论，认为事物的变化和发展、人的生死和贫富等都由命运或天命预先决定，人是无能为力的。剥削阶级常用来麻痹人民。

释语到"……无能为力的。"止，已确切表明"宿命论"的意义。由于剥削阶级对宿命论加以利用和宣传，人民群众中还有相信宿命论或对它认识模糊的，因此有必要在意义解释之后加一句补充性的发挥。这发挥言简意赅，也颇得体。

有的词典对于政治性的或指阶级性事物的词语，差不多都作发挥，而且往往发挥得较长。特别是词语指的事物只要有阶级

194

的烙印或受阶级的影响，常加上个阶级性说明的尾巴。这样的"发挥"，就滥而不当。只有当不指明阶级性或不作其他补充说明，确实影响意义解释的准确，有碍于读者正确认识事物，才需要作这种补充说明性的发挥。比如，"民主""分配制度"之类，在释语中作简单的阶级分析是合宜的；而象"法院""军队""财政""工业"等，阶级性的说明就完全多余。凡同一范畴内，表示高一层种概念的词语作了议论的补充，其下属概念的词语一般就无需再作发挥。比如已说明了艺术和阶级的关系，那么对音乐、美术、戏剧等重复这种说明，便是废话。

释语的发挥部分，一般与意义解释部分清楚地分开。但是如果为了使释语尽量简洁明快，也可以使两部分融合起来。这样做可以消除生硬地添加议论的弊病，同时有可能使不被感觉的评价成分逐渐变为意义的成分，从而有利于语义的发展。例如《四角号码新词典》"童工"一词后的释语，可说是这方面一个较好的例子：

〔童工〕 旧社会中受资本家残酷剥削和摧残的未成年工人。

词目的释语，本以同意义的解释相一致为正常；另加议论应是不得已而为，不能视作通例。因此，对词语的解释要作发挥时，必须慎重，并且最好要考虑是否可以采用释义溶合评价的方式。

（《辞书研究》，1980年第四辑）

词 性 和 词 的 释 义

（一）

　　词虽然是词汇的组成单位，却受着语法的支配，具有语法特点，有一些甚至还是语法成分。因此，从指导语言实践的角度来看，普通词典要适当地介绍词的语法特性。最基本的语法特性，是词的语法类别，即一般所说的词性。

　　在好些语言里，词的构形法特点是稀少的，甚至完全缺如。构词法方面的语法特点，在相当一部分语言里也较为贫乏。但是，词性却不因缺少构形法或构词法特点而不能成立，它一般成为任何词都有的属性；词即使只有句法特点而无词法特点，也可以据此而归属一定的词类。因此，只要研究成熟，任何语言的普通词典都可以指明词性；知道了一个词的词性，就能直接了解该词如何用于造句。这是词典所以在语法方面着重于介绍词性的原因。

　　词典介绍词性的一种通用方式，是在释义之前注明词所属的词类。欧洲语言的普通词典都用词类名称的缩写式标明了词性。汉语的词典或汉语-外语词典，还很少能给词标出所属的词类。我们对于汉语的词类没有研究得很成熟，认识还没有一致，在词典中暂不指出词性是比较慎重的，以免处理不当造成不良影响。

　　然而词性是否就无需乎在汉语普通词典或汉语-外语词典

196

中加以反映？甚至不能作这种反映？回答是否定的。词典其实还可以通过释义的方式暗示词性。

汉语有相当一部分词的词类归属，事实上并不存在争议；另外更重要的是，一个词在它的某一含义下，能在句子中占什么样的位置和有什么样的结合功能，或者如何用于造句，大家也并没有不同的看法。因此，尽可在某一义项的解释中，使意义的表述同应用上的句法特点结合起来，从而以某种程度暗示词用于该意义时的词性。

从实际要求来看，释义同词性的配合或协调，也应当讲究，不能使它们互相牴牾。欧洲语言的普通词典，在释义如何同词性相协调方面，也同样需要处理好，只不过由于词性已经指明，问题不那样突出而已。

释义怎样能同句法特点的暗示结合起来？怎样能同词性相协调而有助于暗示它？要解决这个实际问题，须从理论上弄清楚词的释义和词性之间的关系。

可以分两个步骤来探讨：

第一，词的词性与词义是否存在关联？如果回答是肯定的，那么这关联是怎么样的？

第二，词义的解释怎样能体现词性或具有反映词性的因素？

（二）

词有实词、虚词两大类，还有为数甚少的感叹词和情态词①。介词、连词、系词、助词、冠词、语气词等等虚词（副词不在内，应属于实词），词的意义都只反映词语的组合关系

---

① 还有象声词，如"嘟——""砰！"之类，它们是否算"词"，存在争议，此处不论。

（介词、连词、系词等）或词以何种方式加入此种关系（冠词和某些助词等），属于语法意义，表明了词的语法功能。因此任何一个虚词的意义，总是体现着该词的词性；虚词释义如果不能明确显示词性，那就不能认为解释得准确和完满。感叹词（如"啊""噢"等）和情态词（如"嗯""喂"等），可合为一类来看，意义内容都是一定的感情、态度或意向的直接表露。这个特点决定了该类词不能加入句法结构中去。这就是说，它们的意义同句法功能有密切关联，反映着词性。

实词的情况不同。其词义总是一定对象的抽象反映，被巩固在一定的语音形式之中。因而它体现着概念，性质上是词汇意义，不是语法意义。实词划分出名词、动词、形容词、数词、代词等类别，并非依据于词义。换句话说，每个实词属于哪一具体词类的词性，原则上并不取决于词的词汇意义。

比方，汉语的"举止""动作""行为"，其词汇意义都表示一种活动或运动，若据此确定词性，那么三个词都会是动词，但它们却无可置疑地属于名词。又如"生动性""灵活性""通俗性"，都表示某种能用于"形容"的性质特点，但它们却不是形容词，而只能是名词。同样，英语的 swimming（游泳）、俄语的понимáние（理解），词义都是一种活动，但词形规定了属于名词；英语的sightliness（好看）、俄语的высóкость（深奥），尽管词义指明为性质特点，却也分明具有名词的语法标志。

可见，实词的词义，或词义所属的词汇意义范畴，都不可能是实词具体词类属性的根本依据。各种实词词类是词的语法类别，归根结底只有依据词的语法特点才能划分出来。有些人爱用某种词汇意义范畴来说明实词的具体类别，如说"名词是

198

表示事物的词"，"形容词是表示性状的词"等等，不能认为正确。如果要采取这种说法，那么须得作另一种理解："表示事物"指的应是"名物性"，即在语句中以名称指说对象，是名词的语法意义的概括——名词的词类意义范畴；"表示性状"是"语句中说明对象（被指说的）特性"的意思，应理解为形容词的词类意义范畴。

实词的词汇意义范畴和词类意义范畴不容混淆，但是两者之间是存在一定关联的。因为语法意义要以词汇意义作为概括抽象的基础，特别是实词的语法功能要受词义的制约。

能够看出，一个实词的意义内容，对于该词具有某种实词类别的特征来说，不会完全不起作用。可以看一下名、形、动三种主要实词词类的情形。尽管名词并不见得都必须有"事物"的词义，但是许多指具体事物的词，通常能是名词。如汉语的"山""田""井""马""粮食""房屋"等，无疑会是名词。这是由于具体事物含义的词，在语句中最有资格用于指说对象，即最有可能取得名物性。因此指具体事物的词，在大多数情况下是充作名词的；另一方面，名词中总以指具体事物的词为多数。形容词不是必得具有"性状"的词义，并且有这种含义的词未必都属于形容词（如可以是名词）；但是表示性状的词最适用于形容被指说的对象，最有可能表现出语法上的特性范畴，因此它们在大多数情况下能是形容词；而形容词中，表示性状的词又总是主体的部分。动词和词汇意义范畴的关联要更明显一些。所有动词的词义都可概括为运动。象"存留""停止""睡觉"之类，也表现着一种貌似静止的运动特殊状态。而动词从其语法性质来说，总能表明同它组合的名词所指说的对象处于何种运动状态；只有词义体现"运动性"意义范畴的词，才能实现这种语法功能。因此，任何动词必有体现"运动性"意义范畴的含义。当然，具有这种含义的词，并不一定是动词，而也可以是名词（如"举止"之类）或形容词（如"alive〔活的〕""limitative〔限定的〕"）；但是，含义体现"运动性"意义范畴的词，绝大多数入于动词之列。

这些情形充分说明，词汇意义范畴虽然不是区分实词词类的决定因素，它们某一些却同实词词类的划分大体配合，成为实词词类语法特点及其语法范畴在较多情况下的一种基础。因此，对于确定实词词类来说，词汇意义范畴方面不能说没有作用，而是具有一定的参考价值。比如，表示具体物品和生物的词，一般会是名词；表示性状的词较有可能是形容词；含义属于运动性意义范畴的词，作为动词的可能性很大。

综合上述，可以这样说：情态词词义的性质，是其词性的重要条件；虚词的词义正是虚词类别语法特点的意义方面；实词的词义不可能是实词具体类别的决定性条件和划分依据，但却不失为这些类别的相关因素。

明确了这样几点情况，要弄清词性同释义的关系，就有了合理的依据。

（三）

词典既把虚词列为词目，其含义便须解释。可是有的词典只指出虚词的词性，不作释义，这词性未免架空。例如："呢（⊖·ㄋㄜ·讷）助词。""啊①助词。"（中国大辞典编纂处《汉语词典》，1957）；"然⊗转接词，《史记·高祖纪》：'然安刘氏者必勃也。'"（舒新城 等《辞海》，1947）。有时，词典只是以其他虚词来对注，往往陷于循环解释，而词性

200

又不加说明，这就更不能使读者从词典了解该词。例如《辞海》（1947）："於同于，于、於古今字。㊀在也。《说苑·立节》：'轩冕在前，非义弗乘；斧钺於后，义死不避。'於与在为互文。""在㊀犹於也。"《四角号码新词典》（1978）："自③从，由。""从①由，自。""由④自，从。"

对于虚词词目，不但指出词性，而且也解释词义的做法，就要好得多。如《汉语词典》："由③介词，介所从，如'礼义由贤者出'，见孟子。"虚词词义的这种解释，基本上点出了词的语法性质和语法作用，配合了词性的介绍。不过从释义的准确要求来看，还有较大的缺点。"介所从"把虚词的含义表述为体现实体概念（某种行为活动）的东西，因而使它易与实词的词义、词性相混淆。虚词的词义并不体现概念，只表明语法关系；在释义上若表现不出这一特点，就很难准确反映虚词的词性。目前一些词典是出现了这种情形的。举两个有代表性的例子："〔然而〕①转折连词，表全部相反之观念与事故。如'许多人反对他的主张，然而他的主张总不变'。"（《汉语词典》）"哩语气词。①……②表示列举。例象镰刀哩，大车哩都准备齐了。"（《四角号码新词典》，1978）"表全部相反之观念与事故"，表示的似乎就是实体概念的东西，解释得很象是个名词，而不象连词。"表示列举"，仿佛有一个很实在的行为意思，象个动词的而非语气词的词义。

情态词的解释，大体上存在着类似的问题。或只注明词性，不解义；或有所解释而不指出词性；或词性与意思内容都简单说出，但是意思内容的述说不太符合于词性。例如《汉语词典》："啊②感叹词。""〔啊唷〕惊讶、痛呼之声。"《四角号码新词典》（1978）："喂③叹词。表示招呼。例喂，你

201

是谁？"情态词的含义既然是感情、态度、意问的直接表现，加以表述就要讲求恰当的方式，不能表述为概念性的意义。"喂"解为"表示招呼"，似乎就有这样的毛病。与此完全相反，把情态词看成没有含义的词，不作释义，当然也不正确。对于"啊唷"，多少解出了词的感性特点，但说成一种"声"，毕竟是人对"啊唷"的判断而非其自身含义的表述。解释造成一种印象，仿佛"啊唷"不是个有含义的词。四十年代的《辞海》，把感叹词"哦"的含义解为"表惊悟之情"，就较为恰当，确实表述出了词的感性意义内容，准确反映了词性。

在词性和词义、释义的关系上，问题较复杂，不太容易解决好的，是为数众多的实词。

一个实词的词义，既然不是该词属于哪一具体词类的决定因素，它就并不必然提示词性。语言中常有实词在同一含义上兼属不同词类的现象。例如，汉语的"学习"可以是动词（"要学习学习""学习过了"），也可以是名词（"开展这种学习大有必要""组织一次学习"），不论处于哪一种词类，词义是一样的。英语有的词兼属不同的词类，而词义理解上并无差异，词典如实地把这点表现了出来，例如：

volplane n.&vi.滑翔。　　　fortieth a.&n.第十
四；四十分之一。

（郑易里等《英华大辞典》，1957）

这些情形说明了，实词词义并不必然反映实词具体类别，实词的释义不可能对词性都作出反映。但是，如果仅只看到这一点，在实词的解释中放手按此行事，会有损于词典的质量。不能忽视实词词义有可能同某个实词类别相关联的方面。释义

202

应该捕捉这种可能性，有意识地使实词词义的表述尽可能符合和暗示相应的词性。因为词典有责任启示读者，词的意义只出现在何种语法背景或功能特点的条件之下。

以词性各异而词义彼此相同的两个词来说，释义可有两种方式。一种是只解释一个词，把另一个的解释略去。另一种方式是，两个词都作释义，但表述得不完全相同，以求提示各自不同的词性。词典已有这样做的，例如：

> hypothétique　a.假定的，推测的。
>
> hypothétiquement　adv.推测地，假定地。（高达观、徐仲年主编《简明法汉词典》，1964）
>
> spondee,　　n.扬扬格。
>
> spondaic,　　a.扬扬格的。（郑易里等《英华大辞典》）

两种方式比较一下，前者能节省篇幅（例从略），后者（如上四例）却使得词义同词性密切结合，能让读者通过不同的解释，掌握两个词不同的作用和用法。自然，后一种方式更准确、更实用。如果说，在词目后已标明词性的情况下，只给这样一对词的任何一个释义也过得去，那么在词典不标注词类时，把词义解释得能够暗示词性，就大有必要。比如，目前汉语的词典既然还难以给实词标明词性，象"准确"和"准确性"、"摇摆"和"摇摆性"之类，是需要从释义方面来考虑如何反映出词性差异的。

释义怎样能反映或提示词性？可以从两个方面入手。一是使释语中带关键性的（或居于核心地位的）词同所释的词具有一样的语法特点——其中尤以句法功能最为重要；另一方面是，这种关键的词应选用那样一种词：其词义属于必然能与所示词性相联系的意义范畴的。比方，"纺绸"一词，《四角号码新词典》(1978)解释为"一种质薄而轻的丝织品"，"纺织"一词解作"纺纱和织布"，就都很符合要求。前一例带关键性的词是"丝织品"，它处于受定语修饰的表语位置，即表现为名词才可充当的句子成分，另外前面带有数量词的限制，也是名词典型的句法特点，它的意义又属于必然能由名词加以体现的事物性范畴。既然说明"纺绸"的主要的词是"丝织品"，后者的词性自然就可以是前者也应该有的。再看后一例，带关键性的词是"纺"和"织"，同处于支配成分的地位而带有宾语，这是及物动词特有的句法功能，两个词的意义又属于必然能为动词所体现的运动范畴。因此它们能够提示：所说明的"纺织"属于动词。

应该指出，使带关键性的词表现出同所解释的词一致的句法特点，比词义方面的要求重要得多，因为后一方面只不过提供属于某个词类的可能性，而前一方面却暗示必然性。

如果解释之后的用例也算释义的附属部分，那么还通过被解释的词在用例中的句法功能显示其词性。例如："〔发动〕①开始动作。例发动进攻。②使行动起来。例发动群众。"（《四角号码新词典》，1978）

提示词性的释义方式，自然不仅适用于词义一致而词性不同的两个实词，而且适用于任何一个实词。在词典不标示词类的情形下，采用暗示词性的释义方式固然必要；就是标明了词类，这种释义方式也很有好处。无论如何，使词义的解释同词性协调和对应起来，总要远胜于使二者互不干连或互相矛盾。当然，词性不能标出时，使词义的表述反映词性，会有更大的积极意义。这一点，我们一些汉语词典是注意不够的，有的恐怕还没有注意到。实词的释义同词性不相协调的情形屡见不

204

鲜，可随便引一些例子："〔告急〕战争、灾害之请救。"（动词解得象名词）"〔浪迹〕谓行踪无定。"（动词解得象形容词）"〔秘密〕① 隐 蔽 不让人知道的。"（形容词或名词解得象动词）"〔手术〕医生用医疗器械在病人的患处进行切除、缝合等治疗。"（名词解得象动词）。前两例出自《汉语词典》，后两例出自《四角号码新词典》（1978）。

汉语有相当多的实词跨类，这些词又缺少形态，在不标明词性的情况下，其词义的解释若不注意同词性配合，是会产生不少弊病的。

（四）

关于跨类实词的释义如何照应词性的问题，可以分两种情况来看。

（1）一个跨类而多义的实词，不同的意义各处在不同的词类上。处理较简单：不同的意义分设为不同义项，在分别准确解释的基础上力求体现各自相应的词性。如："〔保证〕①担保，负责办到。例保证完成任务。②作为担保的事 物。例胜 利的保证。"（《四角号码新词典》，1978）

（2）一个实词跨类而意义并没有不同。那些所谓临时作某种词类用的情况并非跨类；真正在同一词义上跨类的实词，所兼的词性普遍出现于使用之中，是大家习惯了的。如"生产""竞赛""部署""希望""感觉"等等，兼属动词和名词；"幸福""光荣""困难""危险""娇气"等等兼属形容词和名词；"清醒""麻痹""腐化""讨厌""兴奋"等等兼属动词和形容词。这些词单一义项的解释，不可能同时照应兼属的词类。问题在于，单一义项是否应该照应跨类词的任何一种词性？从避免给读者造成所解释的词只有一种词性的印象来说，似乎不照应任何词性为好。但是这很难办到，因为释义通常会客观上适应于某一种词性。因此，只能选择一种词性来加以照应。跨类词所兼具的词性，一般会有主次之别："主"是先形成的，是基础，人们对之有较强烈的语感；"从"只是随后衍生的。当然，选择一种词性以选主要者为宜，以便帮助读者着重从主要词性方面来掌握跨类词。因此，反映主要的词性仍不失为跨类实词(不标明词类的情况下)较恰当的释义方式。

要看出跨类实词的主要词性，有时不那么容易。但是有一个方法，可以使解释者大体上抓住主要的词性：按照词所表现的词汇意义范畴常易因应的词类去解释。比如表现的是运动范畴，按照动词来释义，表现的是性状范畴，按照形容词来释义，等等。如此因应的词类，通常便是跨类词的主要词性所在，原因在于，一个实词在产生之初和使用初期，很少能够跨类，一般先按照词义容易因应的词类特点来使用。下面举几个实例，表明由于释义从词汇意义范畴常易因应的词类着眼而反映了跨类词的主要词性，虽然解释者未必有意识地这样做：

〔辩论〕持不同看法的人进行争论。

〔暗示〕以间接的含蓄的言语动作使人领会。

〔幸福〕生活和境遇愉快美满。

（《四角号码新辞典》，1978）

"辩论"和"暗示"都是按照动词来解释，意味着名词的词性居于次要地位，"幸福"按照形容词来解释，名词词性也属次要。

需要指出，如果词典标明实词的词性，那么就不存在跨类词的释义是否需要体现主要词性的问题。

（《天津师院学报》，1979年第2期）

论同义词词典的编纂原则

编纂同义词词典所提出的理论、方法问题，概括地说，体现在如何选收词目、编排词目和进行辨析上。因此，它的编纂原则也总是在这三方面上体现出来。本文就此依次加以探讨。

(一) 词目的选收方面

选收词目，首先须要从理论上弄清什么是同义词以及同义词和相近单位（主要是近义词）的区别界线，还须有一定的方法来解决如何确定同义词的问题。

不能简单地从字面上把同义词理解为具有同样意义的词。现在多数研究者承认，同义词主要是同一语言系统内意义基本相同的词，另外也包括意义完全相同的"等义词"。这样理解，比较符合语言实际。

等义词表示同一事物对象，意义基本相同的词也指同样的事物对象。所指对象的同一，是同义词的根本条件和决定因素。两个词的意义基本相同，就是除了反映同样的对象之外，还有一些细微的差异。因此，意义基本相同的同义词，不能和近义词相混淆。近义词是意义上彼此接近而各表示不同事物对象的词。由于各指不同的对象，近义词就不可以说是同义的。比如，"繁华"和"繁荣"只能是近义词，因为前者指城市、街道的热闹和华丽，后者指经济或事业的兴盛和蓬勃发展；"繁荣"和"昌盛"才指同样的对象，构成了同义词。又如"药品"和"药物"指同样一类物品的统合，是同义词，但是它们和"药膏"之间就没有同义关系而只能有近义的关联，因为"药膏"所指的对象只是"药品"或"药物"所指对象的一部分。

有的研究者不区别意义基本相同的词和近义词，把它们统统归作近义的，认为都是同义词。这样做会使同义词漫无边际而难以确定和描写。因为近义词的范围宽泛难定。词与词可在意义上递相接近而系连甚广，以至同一近义组的不同成员间往往相差很远。如"阅读"与"泛读"相近，"泛读"与"浏览""粗读""粗看""默读""研读"等等相近，"浏览"与"观看"相近，"观看"与"观察"相近，"观察"又与"视察"相近，如此下去，难以尽止；而"阅读"和"观察""视察"已互不相干。意义基本相同的同义词由于指同样的对象而又有一定的范围（等的同义词亦如此），多少成员结为一组是一定的，而且数量一般有限，组内任何成员与其他成员之间都存在同义关系。因此，同义词组（极少数的等义词组除外）是意义上大同小异而互相对照、制约的语言结构组织，成为词汇学可以描写的对象。而近义词，只是因含义相近而彼此在概念上联系起来，不成其为词汇的结构组织，不是词汇学的描写对象。在语言实践上，近义词的选用只是要找到一个确实表示某种事物的词，而同义词的选用则是要用一个贴切地表示某种意味、态度或色彩的词。同义词的特殊表达作用，无疑也不是近义词所具备的。

显而易见，只有把近义词和同义词区别开来，同义词的性质和范围才能科学地确定，其作用及相应的辨析方法也才能明确。①

---

① 关于区别同义词和近义词的依据和必要性，笔者在《同义词和近义词的划分》（《语言研究论丛》，1980，天津人民出版社）一文中作了详论。

意义基本相同的同义词，其意义的细微差别表现在（1）反映同一事物的特点互相有些差异，侧重方面不一（例如"犹豫"侧重于反映内心打主意的反复难定，"迟疑"突出反映主意不定在时间上延缓的特点），或所反映的一般特点不尽相同（例如"神勇"不同于"英勇"，还反映战胜艰难险阻的精神力量的奇伟性质）；（2）表达色彩上存在差异，有感情上的（如"热心、热中"）、态度上的（"来宾、客人"）、形象上的（如"抽泣、哽咽"）、风格上的（"人寰、人世、人间"）、语体上的（如"脑袋、头颅、头"）差异。

同义词既然是同一语言系统内词与词的一定结构组织，那么固定语及其他语言系统（包括方言）的词，不论意义如何一致，也不能看作本语言系统相应的某个词或某些词的同义词。

要确定同义词，区别开近义词和同义词，特别是要证实有同义关系的词都指同一对象，较有效的方法是作义素的分析。义素分理性义素和感性义素两大类；理性义素又分主要的和次要的两种。两个词义，只要有一个主要的理性义素不同，就说明在外延和内涵上都不一致，即各反映不同的对象。若主要理性义素只在是否突出上有差异，则并不造成外延的区别（只是内涵微有不同），不影响所指对象的同一。次要理性义素是"意味"的成分，只反映事物的一般特点，不造成外延的差异。感性义素就是表达色彩，与意义的内涵、外延无关。例如：（表见次页）

表中"＋"表示有，"－"表示无，"±"是可有可无，"＋＋"表示突出或浓厚。可以看出，"英勇"和"神勇"，"行为"和"行径"，指同一对象，是同义词；"行动"与"行为""行径"不指同一对象，相互只有近义关系。

义素 / 词		英勇	神勇
理性的	主要的 1.精神状态的表现	+	+
	2.不怕艰难险阻	+	+
	3.奋不顾身	++	+
	4.表现在战斗或斗争当中	+	+
	次要的 5.精神力量的奇伟	-	+
感性的	1.书面语色彩	+	++
	2.颂赞的感情色彩	+	+

义素 / 词		行为	行径	行动
理性的（主要的）	1.人所发生的	+	+	+
	2.有动作性	±	±	+
	3.做出某种事情	+	+	-
	4.已表现出来而为人所知	+	+	±
	5.在进行中	-	-	±
感情的	1.贬的感情色彩	-	+	-
	2.感情色彩上中性	+	-	+

为使同义词的确定具有某种语言形式的标志，还可采用组合同样词语的方法。要确定意义相当接近的 A、B 两词指的对象是否一致，可以找一个 C 词，它能与 A、B 同样组合；若 A＋C 和 B＋C 指同样的事物，就可断定 A 与 B 有同样的对象，是同义词，否则便是近义词。例如"眼光"、"目光"同与"锐利"组合所形成的"眼光锐利"和"目光锐利"，指同一回事，所以"眼光"和"目光"也指同一对象，是同义词。"新鲜的事物"和"新奇的事物"所指的事实不同，说明"新鲜"和"新奇"所指的对象不同，是近义词。有时需作不止一次的组合，组合的词要更换，或者不换而多加上别的词，至能作出明确的判断为止。例如：

培养：a苦心培养　　b国家培养　　c苦心培养下一代

抚养：a_1苦心抚养　　b_1国家抚养　　c_1苦心抚养下一代

a 和 a_1 是否指同样的事物不太清楚；b 和 b_1 或 c 和 c_1 指的不是一码事，却无可怀疑。因此可以判断，"培养"和"抚养"不

210

是同义词。

明确了上述关于同义词的认识和确定同义词的合理方法，同义词词典在词目的选收上，便可以解决收哪些单位的问题。

原则上，凡是语言系统内有同义关系的词，都应该收在同一组内；而凡是近义词、同义或近义的固定语及方言中（不涉及外语）指同样事物的词，都不应该收进去。① 以现代汉语为例：

A，聪明　聪慧　聪颖　聪睿　灵　聪敏　颖悟
B，顺利　顺遂　顺当　顺手　一帆风顺
C，害羞　害臊　怕羞　怕丑

A组只有加着重号的词是同义词，应该收；"聪敏"、"颖悟"是近义词，不能收。B、C两组也应收加着重号的；"一帆风顺"是固定语，"怕丑"是粤方言的词，都应摒弃。②

至于同义词组，凡非本语言现代时期的，就不应当收，因为同义词词典一般只宜对词汇作静态的反映。如果词典注重于实用，规模又不大，较浅显的同义词组（如"桌子、桌、台、案"之类）也不必收。

为了方便读者的分辨、比较和查阅，在体制规模允许的情况下，同义词词典是可以把和各组同义词相应的近义词附收在同义词之后的。但是这样做，要在排列位置和标志上把近义词

----

① **话语**中因临时借代或比喻而指同样事物的词，其"同义"是言语的而非语言系统中的现象，这样的词当然也不应收选。

② 实际上，很少有同义词词典收固定语。日本井上义昌编的《英语同义词词典》（英语类语辞典，A DICTONARY OF ENGLISH SYNONYMS，1956，东京），把词和固定语收在一组，另收有不少固定语同义组，是比较特别的。

和同义词严格地区分开来。著名的《韦伯斯特同义词新词典》（Webster's New Dictionary of Synonyms，美国1942年初版，1973年第四版）就是这样处理的，提供了一种正确而别致的模式。

语言中有的词具有不同的写法，比如现代汉语的"粗鲁/粗卤"、"揣摩/揣摸"之类，不能看作一对同音词而各自独立地收进同义词组里。这里两种不同的书写形式并不表示语素有别，即音、义都完全一样，这和语素不同的两个同音同义词（如"冲激、冲击"）是两回事。

在收词的原则上，还有一个词性是否须要相同的问题。道理上说，词的同义关系只决定于词义本身如何，同词的语法性质之间并无直接关联。但是词属于哪一词类，决定了它在句子中的语法作用和搭配功能，而这成了人们语感上的一种含义特征。对于两个有同义关系的词来说，这样的特征取得一致是比较自然的。另外，有的词类范畴同词义也有一定的关系：如动词这一词类的含义，同一个具体动词的词义就关系密切。因此，一组同义词，其基本词性应该相同。就是说，不宜把属于不同词类的词收在同一个同义词组内。比如：

A，步履　步武——步行
B，麻木　麻痹——发麻
C，派遣　差遣　打发——差使

A左边两词为名词，右边一词是动词；B左边的是形容词，右边为动词；C左边为动词，右边是名词。A、B、C三处都只是左边的词构成同义词组，右边的词不好收在同一个同义词组内。

一般英语、俄语、法语和日语的同义词词典，都是实际上贯彻了同一同义词组的词目属于同一词类这个原则的，虽然编者没有直接说明。无疑，在词典编纂实践中，这一原则已事实上在起作用而且可行。因此，有必要明确地把它提出来，并充分给以肯定。

（二）词目的编排方面

一个同义词组内的各成员如何排列，本质上是个技术的和体例的问题；但是它也反映了编纂者对于同义词性质的理解。看法上较不一致的是，同义词组开头的词是否总有一定？或者说，确定某一个词在首位是否有个普遍的原则？有一种论说认为，每个同义词组都有一个所谓核心词，须把它置于全组词开首的位置①。这种看法并不符合实际。

有的同义词组，各成员共有一个语素；在这种情形下，若共同的语素又能独立成词，而且和各词有同义关系，那么道理上它才可以说是同义词组的核心词。比如"丑陋、丑怪、丑"，"凶恶、凶狠、凶暴、凶横、凶残、凶"，前一组的核心词是"丑"，后一组是"凶"。但是远非所有同义词组都有类似的情形。相当一部分同义词组并无相同的语素；从有共同语素的同义词组看，有的语素却不能单独成词（例如"坚毅、刚毅"的"毅"，"喧哗、喧闹、喧腾、喧嚣"的"喧"），能单独成词又往往不是同义的（例如"凶"不是"凶猛""凶悍"的同义词，"光"不是"眼光""目光"的同义词）。在这样的情形下，就无从确定哪一个词是核心（例如"解雇、辞退"，"粗心、大意"，"坚毅、刚毅"，"毗连、毗邻"，"急速、

---

① 张志毅《同义词词典编纂法的几个问题》，《中国语文》1980年第五期，354页。

迅急"，"充分、充足、充沛"等）。因此，相当多的同义词组并不存在核心词。以核心词领头的排列原则，对于许多同义词组来说必然落空。

就存在核心词的情况来说，这"核心"有的并不很常用（如"打消、消除、消"中的"消"，"出现、呈现、浮现、现"中的"现"），将它定为领头的词也很不恰当。

从实际出发，确定同义词组领头的词，可以同时从常用性如何和使用范围的大小来考虑。同义词组诸成员往往在使用频率上或常用的程度上不平衡；出现这种情形，比出现核心词要普遍得多。从中挑选常用的或最常用的成员作领头词是较为适宜的。但是并非所有同义词组在诸成员的常用性上都有差异（比如，"徇私、徇情"，"郁积、郁结"，都不太常用；"严密、严实、严紧、紧密"，很难说哪一个词更常用），而且常用的程度有时难作客观的、准确的估计，因此常用性方面还不能单独成为确定领头词的定则。但是把它同使用范围方面配合起来，则情形就有所不同。在感情、态度色彩或风格、语体色彩上形成差别的同义词组中，中性、通用或普通的成员的使用范围比有特殊色彩的成员大，有资格充作领头词（例如"巨大、宏大、庞大"，"东西、玩艺儿"，"人间、人世、人寰"，"熟悉、熟稔、熟"）。使用范围大，通常也必然常用或常用的程度高。不过，使用范围的大小并不处处都与常用性的情况完全一致。由于使用范围方面比较重要和客观，在常用性方面同它有出入时，以它为准比较适宜。比如"村、村庄、村落、村子"这组同义词，"村子"是口语用词，最为常用，"村"的常用程度未必如"村子"，但是它既适用于书面语，又可用于口语，使用范围较广，因此宜置于领头地位。

214

使用范围的尺度加上常用与否和常用程度的尺度，虽然能作确定领头词的准则，在起作用的范围上却不免仍有局限性（比如对于"榨取、压榨""胸襟、胸怀、襟怀""宣告、宣布"这样一些同义词组，很难从使用范围和常用情况上看出差别）。因此，只能说，要确定同义词组的领头词，可基本上以词的使用范围及常用情况作为依据；对于不能用这个方法解决问题的同义词组，应从辨析上方便的角度来确定（各词辨析的先后应与词目排列的次序一致）。

一个同义词组如果包含的成员不止两个，除领头的成员之外，其余各成员的先后次序，可完全按照具体辨析进程的要求来安排。

至于各同义词组的排列次序，按开首字（领头词第一字）的字母音序排列最为简单，也最便于检索。为查找非领头的词目，附上全部词目的音序索引，是必要的。

（三）辨析方面

同义词的辨析必须讲求正确合理的方法。可以分别为一般的方法和具体的方法两类。

辨析的一般方法，对同义词词典的一般质量和倾向起决定性的作用。它表现为主要采用归纳法还是演绎法，是凭事实说话还是主观论断；又表现为对同义词的同中有异，侧重于说明其同还是异。科学的态度决定了这一般方法应取如下方式：

A，从同义词实际运用的材料出发。必须从本时期典范的著作、文章、报道当中搜集充分的用例，对它们加以分析和归纳，才能准确、全面地看出同义词之间的同异。在分析归纳材料的同时，也容许辅以语感的鉴知。个人语感是有一定感性经验基础的，但是它须依据和服从于客观的材料。具体来说，根

215

据看到的用例，可以想到更多类似的现象或细节印象，从而充实辨析的内容并增强其说服力；而如果某种语感同客观的材料不相调和甚至互不相容，或者根本得不到材料事实的印证，那么就说明它不可靠，不能用。比如，有了关于同义词"沉着"和"从容"的一些用例：

>……要不是你那样沉着，亲自督战，全队人马说不定都死在那里。（姚雪垠《李自成》一卷下，423页）
>
>遇到危急关头，你千万要沉着镇定。（《李自成》一卷上，227页）
>
>可是有时碰到严酷的斗争，书记却象山鹰一样的沉着。（碧野《情满青山》，77页）
>
>他们的态度都那么从容，象没有什么人进来一样。（王愿坚《党费》，4页）
>
>汇姐从容地从床上斜起身子，顺手拿起刚才向对面的旅客借来的一张《中央日报》，……（罗广斌、杨益言《红岩》，64页）
>
>……但如阻止敌人，可使临汾的军需品从容转移，可使背后的友军从容撤退。（刘白羽《巍巍太行山》）

从这里，可以看出差异："沉着"用于对事故或做事的态度，强调内心的镇静；而"从容"既可用于态度，也可用于简单的动作，侧重于镇静的外部表现，有随便自如的意味。再从语感看，容易想到有"沉着应战""沉着应付"的说法，也可以有"情况十分危急，他却沉着地思考"这样的说法，而说法中的"沉着"换为"从容"却不行；相反，不会有"沉着地斜起身子""沉着地喝水"的说法，其中的"沉着"换为"从容"

216

就说得通。这不但印证了上述差异，而且可以使一个差异点变得更为明确：原来"沉着"不适用于简单的动作。另外，语感上也容易有"从容"可以重叠（"从从容容"）的印象，而"沉着"的重叠用法还不见有，如果有，语感上也显然不可靠，只能否定。

B，侧重于说明同一组各成员之间的差异。共同的方面，本没有很多东西可以介绍，一般读者也大体都能了解；相反，差异的方面，情形复杂，也较不明晰，正是读者需要了解的主要内容。至于一组同义词的共同方面根据什么而得，同这组词何以构成同义词是一回事，无疑要在确定它们是同义词时用一定方法去分析、鉴别，但是这分析、鉴别的过程无需乎（也不可能）端到词典上去；词典以同义词共一词目组的形式以及共同意义的表述，把分析、鉴别的成果反映出来，便已足可。因此，辨析的主要任务应是辨异。如果对于异和同不分主次，不大大突出辨异，必然会削弱同义词词典的作用。

辨析的具体方法，对于辨析所下的论断和分析的方面是否确切、周全，有直接的影响，可从揭示共同性和辨明差异这两部分来看。

揭示共同性的具体方法是，除了指明共同的词性，主要须准确地表明共同的意义，即同指什么事物对象。这共同意义从内容看，必须是从这些词的意义所得出的"最小公分母"，就是说，它不能套用于本组外的任何其他的词。从表达形式看，共同意义不能只用某个词来表示；因为如果这个词表示得恰切，就说明它应是该同义词组的成员，而若用组内一个成员——其意义尚待说明——来表示全组成员的共同意义，那便等于没有作任何说明。因此，表述共同意义的解释语须得是多个

217

词的语句或至少是个词组；而原则上，这语句或词组中不应含有所说明的同义词组的任何成员，以避免解释上的恶性循环。比如，指出"高低、高下、上下"这组同义词的共同意义，有几种表述样式：

　　　a.都表示高低。
　　　b.都表示品质、能力或地位的高下。
　　　c.都指程度或好坏如何。

a式等于没有说明，b式也会陷于循环解释，只有 c式才妥当。

　　辨明差异的具体方法，表现在从什么角度入手和分析什么对象上。

　　有的研究者主张辨异从各成员分别与核心词作比较入手。但由于实际上只是一部分同义词组存在核心词，这个方法不可能有普遍意义。就是在有核心词的情况下，其他词都向着一个中心作比较，理论上和技术上也未必就适当。因为同义词组各成员是互相都有同义关系的，非核心词之间的比较在道理上就没有什么不可以；何况非核心词之间有时会非常贴近或对照得很明显，不比较这些非核心词，至少在技术上也是笨拙的。但是，如果任意在组内两个或多个成员之间作比较，会显得凌乱无序，尤其当组内成员较多时，这种互相比较就难以合理展开，要通过它来表明各成员之间的差异是难以做好的。

　　合理的做法，是分别揭示同义词组每个成员的"个性"或特点。各成员的个性说清楚了，彼此的差异便显露无遗。这个方法适用于任何同义词组，既符合于同义关系的实际，又极方便而有条理，避免了互相比较可能发生的各种弊端。不过，分别说明每个成员个性的方法，不是封闭性的；在必要时，只要

218

有利于显示成员的特点或成员间的差异和对照，完全可以结合使用局部比较的方法。

辨异所分析的对象很多，不但要考虑周到，还应区别主次或安排先后。对于揭示同义词组成员的个性来说，问题就是该捕捉作为成员特点的哪些现象，又其中是否可以分出重要的和一般的。分析的现象大别有四类，依重要性程度顺次如下：

1) 词的理性意义。主要看三个方面：a, 在对事物某些一般特点的反映上有无不同，即有无不同的意味；b, 是否突出反映事物的某些特点，即有无不同的侧重点或强调处；c, 词义所适用的事物范围。

2) 词的各种表达色彩上的差异，包括适用于何种语体的情况。感情、态度色彩在各种表达色彩中最为重要；它们往往与理性意义a、b两方面结合着而形成词义的轻重差别，这是需要揭示的。

3) 词同其他词语搭配上的特点。

4) 词在句法功能上和词法上的特点。这项特点是语法现象，和同义词的性质离得较远，一般宜在1) 2) 3) 三项都无甚差异时加以考虑。

同义词词典的辨析，在表现形式上，还应与一般的同义词辨析有所不同。适应于词典的要求，它须要表达得准确、简明，约而不繁，明快利落。另外，又要求有统一的体制格式，整齐显豁，便于查阅。

（《辞书研究》，1982年第一期）

词的同义关系和词性*

——兼谈汉语同义词词典处理词性的问题

（一）

同义词是否需要词性一致，是个有争议的问题。早在五十年代，国外就有学者批评了只根据逻辑范畴而不同时顾及语法范畴来确定同义词的做法①。尔后，国内有的学者认为，"不同词类的词虽然意义近似，可是未必就属于同义词"②，有的进一步明确地提出"同义词一定要按照词类来划分"③，"不宜把属于不同词类的词收在同一个同义词组内"④；另一些学者则持相反的观点，认为"不同词类的词，只要意义相近，也就可以属于同义词"⑤，或者同义词用法上的不同可以"表现在词性不同"上⑥。后一种观点最近在教学参考书⑦甚至同义词词典⑧中都有出现。

✿本文在《辞书研究》1983年第三期发表时，题目为《同义词词典怎样处理词性》。

①克留耶娃《俄语同义词》，见《俄语同义词、反义词及同音异义词研究》，P.2，1956，时代出版社。

②周祖谟《汉语词汇讲话（八）》，《语文学习》，1956，2，P.39。

③高庆赐《同义词和反义词》，P.11，1957，新知识出版社。

④刘叔新《论同义词词典的编纂原则》，《辞书研究》，1982，1，P.59。《见本书212页》

⑤张世禄《词义和词性的关系》，《语文学习》，1956，7，P.33。

⑥蔚群、濮侃《同义词及其辨析法》，《山西师范学院学报》，1979，8，P.89。

⑦谢文庆《同义词》，P.17—18，1982，湖北人民出版社。

⑧张志毅《简明同义词典·凡例》，1981，上海辞书出版社。

220

看法有分歧是很自然的。但是应该尽可能求得认识上的统一，以利于词典编纂、词义辨析及语文教学等实际工作，利于词汇学、词汇语义学的发展。为此，有必要把问题提出来加以讨论，对它作深入一步的考察和分析。

（二）

一般来看，词的同义关系是词汇的或词汇语义的问题，词性则是语法问题，彼此互不关涉。认为词性怎么样都不影响词的同义关系的确定，正是以这种"井水不犯河水"的认识为根据的，因此似乎不无道理。但是这样看是把问题简单化了。词与词之间的同义关系并非单纯的词汇意义比照，它还牵涉到词的用法和句法功能；词性也不单纯表现于语法领域，而是跨进了词汇中来，在个别的词上落实词类的划分，同词的含义很难说没有瓜葛。语法一方面以词汇为基础，另一方面又支配着词汇，以各种方式渗透到词汇之中。词性就是语法借以影响词的意义、进而渗入词汇的一种因素。比如，一个本属某个词类的词一旦可兼属另一种词类，就往往发展出另一个意义。象形容词"冷淡"，由于可用作动词（"别冷淡了他"），形成了一个新义"不热情、不关切地对待（别人）"；"英雄"由原来的名词产生出形容词的用法，就随着形成另一个意义"有英雄品质的"。标注词性的普通词典，对于兼类而多义的词目，总是在不同词性的标志下分别列出不同的义项，这也表明，词性渗进了词义组织，和它密切地结合着。因此，在词的同义关系和词性之间划一道鸿沟，其合理性是大有疑问的。

近代和现代的同义词词典，究竟如何对待同义词的词性，很值得参考。长期在词典编纂处理上的具体实践，应该说，能

221

够检验理论的正谬或给问题在理论上的正确解答提供线索。这样的词典，一般作为词目的每组同义词，都是具有共同的词性的，虽然编纂者没有就此作出理论上的解释。如美国出版的《英语同义词语词典》①、《同义词、反义词及介词标准手册》②、《美语同义词词典》③，苏联出版的《同义词词典》④、《俄语同义词词典》⑤等，都没有把不同词性的词收在同一组同义词内，而且或者标明每组同义词所共同的词性，或者在容易发生混淆的情况下把词性标示出来。著名的《韦伯斯特新同义词词典》⑥也不例外；编者在导论中甚至指出，同义词具有"指示（denotation）的一致性"，而这种指示"必须指明词类"⑦。所有这些词典在处理方式上如此同出一辙，足以发人深省。

　　释义中采取了"以词释词"方式的普通词典，往往也可显示出同义词排斥在词性上互异的情况。如《现代汉语词典》（1979，商务印书馆），有人对它作了考察，指出名词、动词、形容词的词目"用同义词语作注"时，"限于词性一致的词语"⑧。这里反映出一个什么道理，也是很耐人寻味的。

---

①Alfred Dwight Sheffield: A Dictionary of English Synonyms and Synonymous Expressions，1871年初版，1959年第四版。

②James C. Fernald: Standard Handbook of Synonyms, Antonyms, and Prepositions，1914年初版，1947年Funk & Wagnalls公司编辑人员修订版。

③Homer Hogen: Dictionary of American Synonyms，1956。

④А. П. ЕВГЕНЬЕВА主编: СЛОВАРЬ СИНОНИМОВ，参考书，1975。

⑤З· Е. АЛЕКСАНДРОВ主编: СЛОВАРЬ СИНОНИМОВ РУССКОГО ЯЗЫКА，第四版，1975。

⑥Webster's New Dictionary of Synonyms，1942年初版，1978年第五版。

⑦同上书，p.24a。

⑧韩敬体《同义词语及其注释》；《辞书研究》，1981，3，p.42。

222

（三）

问题主要在于词类的意义是否进入词的含义① 之中，而且对确定两个词的含义相一致的程度是否起重要的作用。

词类的意义是高度概括的语法意义，因此也可说是词类范畴。它和概念范畴或词汇意义范畴当然是两回事。词汇意义范畴是从概念方面对实词意义加以概括而得出的，可以有概括程度不同的种种类别，如动物范畴、生物范畴、事物范畴等等。两个词的词汇意义若基本相同，必然属于同样的词汇意义范畴，但却并不必然伴随有词类范畴的一致。而词类范畴不一致时，对于这样的两个词能否形成同义关系，有发生某种影响的问题。如"麻木"和"发麻"，词汇意义非常接近，但前者是形容词，后者是动词，词类范畴上的明显差别使它们若被看作同义词会很有疑问。又如动词"步行"和名词"步履"，词汇意义几乎相同，但要说彼此间形成同义关系，是相当别扭的，总不如把"步行"看成和动词"行走""走路"有同义关系，把"步履"看成是名词"步武"的同义词，要顺当、合理得多。

所以会这样，显然是由于不同的词类范畴使得两个词的含义不大相同。词类范畴虽然高度抽象而显得空灵，却是客观地出现在每个词之中。词既然有一定的词性，这词性就以相应的某种词类范畴作为基本内容而体现在词上。换个说法，词总是

---

① 词的含义指任何一个词所包含的全部意义，包括词汇意义和可能有的语法意义。因此，"含义"不等于"词汇意义"。比如虚词"而且""了"等没有词汇意义，但不能说没有含义；实词"形象性""甜头"的含义除了词汇意义之外，还包含有词级的语法意义。由于词的词汇意义通常说成词义或词的意义，为了不发生混淆，本文特别提出"含义"的称法和概念。

表示着、体现着或能够表现它所属的那个词类的语法特质——各种语法特征和功能。因此，词类范畴应是词的含义中的成分，是词的内容中有机组成的部分。它也只能这样地存在于词中。对于各种虚词类别来说，词类范畴就是词义的基本内容，在词的同义关系上起着决定性的作用；这十分明显，用不着细论。至于各种实词类别，以彼此牵扯较多的三个大类——名词、动词、形容词来说，它们的词类范畴究竟具体指什么，在词的含义中究竟有什么样的地位或作用，却须要弄清楚。

一般的语法著作和课本都讲名词表示事物，动词表示行动和动态，形容词表示性状，这样讲，讲的是名、动、形各表示什么意思，从根本语法作用上回答它们各是什么样的词的问题，因而实际上就是表述名、动、形的词类范畴。不过，这种表述不很妥贴，至少极容易使词类范畴同词汇意义范畴混淆不清。由于各种语言的词具有各不相同的语法特点，它们的词类范畴理应反映各自的特点而互不相同；如汉语名词不能受副词修饰而可用"数-量"结构或"指示-量"结构限定，因而它表示成单位的、可指数的对象，而俄语名词具有格、性、数的变化，表示处于一定的格、性和具有数量特征的对象。若从普通语言学的角度来表述人类语言名、动、形的词类范畴，当然只能撇开各种语言的特点，只概括出比较一般而且更为抽象的涵义来。无论是具体语言的分析还是普通语言学的论述，为了简洁、方便和适于语言教学，对于词类范畴的表述，似乎可以把语法特点略去而只提出词类最有概括性和辨识价值的语法意义。一般所谓名词表示事物、动词表示行动和动态等，恐怕就是一种简便的处理。如果这样一种表述方式可行，那么要准确

224

表示词类范畴的实质，避免和词汇意义范畴相混淆，就可以说：名词表示说话中要称说或指出的对象；动词表示说明某种事物情况的运动和动态；形容词表示为某种对象所具有的性状，它是提出来修饰或说明这对象的。当然这是一般理论的表述，但未尝不可兼用来代表具体语言相应的词类范畴。如"论战"、"понимáние（了解）"，尽管指某种活动行为，却不属于动词，它们都表示一种要称说或指出的对象，只能是名词；"他的脸一红"中的"红"，表示用以说明"脸"的颜色变化，只能是动词而不是形容词；"进步人士"中的"进步"是形容词而不是动词，"трамвáйный"（电车的）是形容词而不是名词：它们都表示某种对象的、且用来修饰或说明这对象的一定性状。

容易看出，名、形、动的词类意义范畴在词的含义中对词汇意义有一定的影响。词的词汇意义，主要是对某种对象的反映；而词类范畴则规定了从什么角度或以何种方式来反映这对象，就词的整个含义来说，显然成为一种有重大影响作用的因素。再从具体的语句组织的面上来说，就是词的句法功能和搭配特点等词类范畴借以体现的现象，成为词的含义所反映的一个重要方面。这个方面如若不同，反映对象的角度、方式也就不同，而这必然意味着两个词各有不同的反映内容，即各自的含义反映的对象有不一样的表现，即使在两个词的词汇意义反映同样的事物时也如此。两词的含义反映的对象表现不同，彼此间的差别就当然是不小的，它使得两个词之间不能有同义关系。这一点为人们的语感所印证。如把"麻木"和"发麻"、"步行"和"步履"定作同义词，人们会觉得别扭；说形容词"充足"和动词"满足"之间、名词"文化"和形容词"文明"（"不文明"）之间有同义关系，① 或者把名词"疾苦"和形容词"困苦""痛苦"收在一个同义词组里，② 都让人觉得牵强而难以接受。一般感到，"充足"与形容词"充分""充沛"在一起，"充满"和动词"充盈""盈"在一起，各形成同义词组，这才自然而合理。同样，"文明"只有作为名词时，才使人感到和"文化"意义很相近，能是"文化"的同义词。一般所以会有这种语感，正是由于不同的词类范畴使得两个词的含义彼此大不相同的缘故。可以说，词类范畴不仅是词的含义中的成分，而且成了人们语感上的一种含义特征；只有这种特征一致，相应的含义才有可能彼此相同或基本相同而形成同义关系。

由于不同的词类范畴决定了从不同的角度或以不同的方式来反映对象，这种不同的反映就不仅必然使词汇意义处于不同的功能、用法之中，而且往往导致词汇意义有的比较具体，有的比较抽象③。如动词既然要以运动或动态来说明某种事物，它的词汇意义一般就相当具体；而名词，若以运动、动态或性状作为称说或指示的对象，必然比较抽象；以某种事物的性状来修饰或说明该事物的形容词，其抽象程度则大体居中。人们正是根据词汇意义的不同抽象程度以及它的功能、用法特点而在不同词类上分别形成不一样的同义联想的④。这是词类范畴

---

① 张世禄《词义和词性的关系》。

② 张志毅《简明同义词典》，117页。

③、④关于词汇意义的具体性、抽象性以及有关的联想同词类的关系，克留耶娃写过颇有启发性的话："名词、动词和形容词是依照各种不同的方法来构成同义词的。它们由于同义词系列中同义词的数量，由于它们的具体性或抽象性，由于措词上的特征，由于与它们有关的各种联想而有所不同。"见《俄语同义词、反义词及同音异义词研究》，2页。

上的差异必然使两个词彼此含义不大相同而难以形成同义关系的原因。

由上述可知，词的同义关系和词性不是互不相干，而是密切关联着。只有词性相同的词，才有可能在彼此间建立起同义关系。即使词义很一致，若词性不同，就不能是同义词。象尖锐——尖锐性、连贯——连贯性、战争——打仗、友好——友谊、beautiful——beauty、construct——construction 等，每对词不应看作同义词，是有深刻原因的。

（四）

从实际方面看，词汇意义基本一致的两个词，大多数情况下，词性也一致，词性不同的很少。原因在于词汇意义范畴和词类的划分有某种因应关系。词类作为词的语法类别，无疑只以词的语法特点作为划分的标准；但是词汇意义范畴是词类范畴概括的基础或部分基础。因此可以看到，一部分实词类别如数词、汉语的方位词、时间词等，其词汇意义范畴和词类范畴恰好因应。至于名、形、动，因应的情况复杂些，不那么整齐。名词既表示说话中要称说或指出的对象，所有表示具体事物的词由于具体事物必有可能被称说或指出而最有资格成为名词，名词自然也以这些词为主体；动词要以运动或动态来说明某种事物，因而要求词汇意义必须表示运动或动态，而表示运态或动态的词自然一般会成为动词（有的还可能是名、形）；形容词要以事物的性状来修饰或说明该事物，所有表示性状的词自然最有资格成为而且大多只会成为形容词（有的也可能成为名、动），而形容词也总要以它们作为主体。这些因应的情况得出一个结果：不同的词在词汇意义上一致或基本一致的现象，大多数有共同词性的背景。据此可以看出，同义关系要求词性一致，不是人为的设划，而是大体同语义组织状况相符合的规律现象，是词汇意义范畴和词类范畴相错合的必然结果。

不仅如此。少数词汇意义上一致或基本一致而词性不同的情形（不包括一词兼类，那不是两个词的意义关系问题），又多是有共同词根的（如尖锐——尖锐性、beautiful——beauty之类），它明显地不好确定为同义词现象，即使强认为形成同义关系，也由于只有语法差异而毫无意思。剩下词根不一致的（如战争——打仗、友好——友谊），固然语感上也难以承认是同义词现象，数量上又更加微不足道①。因此，词的同义关系实际上出现在同一词类的词中。而由此可知，词和词须词性相同才能有同义关系的原则，和同义词须意义相同或基本相同的原则是并不矛盾的；事实上，前者不过是后者的合理补充。

（五）

同义词组须同一词性的原则，无疑应在汉语同义词词典中加以贯彻。这当然主要体现在词目的确定上，其次也有用例的问题。具体如何对待和关照词性，可分如下几方面来说。

一）凡指同一对象的，即意义相同或基本相同的词，都应从是否词性一致的角度加以筛选，只把词性相同的定为一组同义词词目，标明所属的词类。比如"勇敢、英勇、勇气、勇于、神勇"，应除去名词"勇气"和副词"勇于"，定出一组词目：

---

① 一般见到的所谓不同词类而同义的例子，其实在词汇意义上大多有很大差别，不是基本一致，如"聪明——智慧""充足——满足""勇敢——勇气"之类。

勇敢　英勇　神勇　〔形〕

　　二）有时一系列的词虽在词汇意义上 基 本 一 致，从词性看，却可分为不同词类的若干小类集，这就须要把这些小类集分立为不同的词目组。如"连绵（联绵）、绵联、绵绵、绵延、绵亘、连亘"应分为：

　　　连绵（联绵）　绵联　绵绵　〔形〕
　　　绵延　绵亘　连亘　〔动〕

在这种情况下，若其中某个词兼属不同的词类，它应在不同的词目组中重出。如：

　　　注意　留意　留心　当心　〔动〕①
　　　小心　留神　理会
　　　小心　仔细　〔形〕

一个多义词若在不同的义项（词性不论是否相同）上各有同义的词，它当然须出现在不同的同义词组中，情况和这里在同一义项上的兼类不同。所谓兼类，应理解为一个词普遍被人们经常用作不同的词类，和词类的活用不能混淆，后者只是在少数人的话语中偶然出现的言语现象。

　　三）一个词若兼属动词、动名词（如"解放""顾虑"之类）或兼属形容词、形名词（如"威风""平衡"之类），可只看取它处在源本的词性（属于动或形）下与其他词的同义关系，不必建立动名词或形名词的同义词目组。因为一个动名词或形名词既在词汇意义上和相应的动词、形容词没 有 什 么 区别，又在一定程度上体现动词或形容词的词类范畴，因此词的

---

　　①　"小心"在带宾语时是动词，如"小心你的脑袋"。

237

229

含义和处于动、形下的基本一致。如"顾虑"只取其动词词性，与"顾忌"构成动词的同义词组，不需要另立动名词的一组；有了"进步、提高、长进"这组动词同义词，无须另立动名词"进步、长进"组；设立形容词同义组"威风、威严"，不必另立形名词的同义组"威风、威严"。①

四）及物动词和不及物动词除句法功能特点不同外，一般在词汇意义上也有明显的区别，因此这两类动词不应同处在一个同义词组里。《英语同义词语词典》在词目组上用标记把及物动词和不及物动词明确划分开，是体现这个原则的实例。汉语使动、意动的及物动词，无疑词汇意义更有特别的地方；一般及物动词也总以活动施及某种对象或对它加以支配的意思而区别于不及物动词；甚至那些由不及物动词变来而无使成义的及物动词（如"坐火车""睡木板床"），意义也变得迥不相同——往往是狭些②。因此，汉语同义词词典不应该把及物动词和不及物动词混在同一词目组内；当然，兼属及物、不及物两类的词可进入及物或不及物的同义词组。例如，及物动词"背叛"不能加入不及物动词同义组"叛变、反叛"之中；及物动词"震撼、撼动、震动、震"（都可带受事宾语）是一组，不及物动词"震动、震荡、震、颤动、颤"是另一组。

五）词在用例中不能表现出不一致的词性。比方，词目如果是动词或形容词，而用例中表现的是名词，就说明不了问题，甚而会造成认识上的混乱。动词的词目，用例表现为动名

---

① 如确定"铁"、"木头"之类除是名词外，还兼是名形词（如在"铁姑娘"、"木头房子"等说法中），那么在处理上，可以同兼形和形名、动和动名的词一样。

② 参看王力《中国现代语法》上册，P.80—81，1954，中华书局。

词，形容词的词目，用例表现为形名词，也是不准确的，应该避免。如以例句"这纯粹是一种幻想"来说明动词"幻想"，以"化腐朽为神奇"来说明形容词"神奇"，就都不恰当。

总起来看，汉语同义词词典要按上述五方面去做，当然会使编纂工作更为复杂、繁难；但是只有这样严格要求，才能使词典符合语言实际，具有释义的准确性和较高的使用价值。

（《辞书研究》，1983年，第三期）

ESSAYS ON PROBLEMS CONCERNING LEXICOLOGY AND LEXICOGRAPHY

Contents

232

233